탈무드 유머

웃음이 있는 강단으로 이끄는
탈무드 유머

강문호

kmc

머리말

탈무드 유머 네 번째 책을 펴내면서

모든 것이 하나님의 은혜입니다. 27살에 목회를 시작하며 그 해에 첫 부흥회를 열었습니다. 그때 무슨 말을 하였는지 지금도 생생하게 떠오릅니다. 부끄러운 설교를 들어준 교인들이 고마울 뿐입니다. 무식하면 용감하다고, 그 당시 제가 용감하였습니다. 코뿔소의 시력은 9m까지 본다고 합니다. 그래서 10m 거리에 사자가 있어도 사자가 보이지 않기 때문에 그 길을 걸어간다고 합니다. 그런 코뿔소가 용감하게 보이지요. 그때 선배 부흥사 목사님들이 저를 보았다면 용감하다고 하였을까요, 무식하다고 하였을까요, 웃긴다고 하였을까요? 지금 생각하여도 부끄럽습니다.

부흥회를 인도하다 보니 설교에 유머가 꼭 필요하였습니다. 분위기를 바꾸는 데는 유머가 필수였습니다. 마음을 열게 하는 데도 유머가 필요하였습니다. 그런데 저속한 유머는 하고 나서도 께름칙하고, 듣는 이도 웃고 나면 찜찜하였습니다.

그러던 중에 성막 공부를 하게 되었습니다. 성막 공부를 하자니 탈무드에 들어가지 않을 수 없었습니다. 탈무드 유머가 그렇게 좋았습니다. 그래서 한두 개씩 모았고, 번역도 하였습니다. 탈무드 유머는 사람들을 정말 즐겁게 하여 주었습니다. 다른 사람들이 즐거워하니까 저도 즐거웠습니다. 다른 사람들이 웃는 것을 보고 저도 웃었습니다. 다른 사람들이 행복해하는 것을 보니까 저도 행복하였습니다. 그래서 지금까지 3권을 편집하였고, 이제 네 번째 책을 펴냅니다.

유대인들은 다음의 세 가지 유머만은 결코 하지 않습니다. 첫째, 성적인 유머, 둘째, 하나님을 모독하는 유머, 셋째, 사람들에게 상처를 주는 유머. 이런 유머들은 백해무익합니다. 그래서 깨끗하고 강대상에서 사용할 수 있는 유머만 골랐습니다. 이 책이 많은 성도들에게 웃음을 선물하는 책이 되리라 기대합니다.

모든 영광을 하나님께 돌립니다. 샬롬!

2009. 11.
갈보리교회 **강문호 목사**

탈무드
유머

_전투 준비

어느 날 인디언들이 얼굴에 까맣게 칠을 하고 있었습니다. 야간 전투를 위해 위장하는 것이었습니다. 아버지와 같이 가던 아들이 이를 보고 아버지에게 물었습니다.

"아빠! 저 사람들 뭐하는 거예요?"

아버지가 대답하였습니다.

"전투 준비하는 것이란다."

이튿날 엄마가 화장을 하며 얼굴에 이것저것을 바르고 있었습니다. 아들이 아버지에게 달려오더니 말했습니다.

"아빠! 조심해요! 엄마가 전투 준비하고 있어요."

_주지사

주지사로 온 사람이 욕심꾸러기였습니다. 그는 주지사로 있는 동안 돈을 많이 모으기로 작정하고, 궁리 끝에 한 쪽에 염소를 매어 놓은 뒤 아랫사람이 오면 이렇게 물었습니다.

"저기 보이는 짐승이 무엇이오?"

찾아온 사람이 대답합니다.

"염소입니다."

그러면 주지사가 말합니다.

"아니오. 염소가 아니오. 틀렸으니 벌금으로 100만 원 내시오."

사실은 염소가 맞지만 주지사가 아니라고 우기니까 모두들 반박할 수가 없었습니다.

주지사는 이런 식으로 100만 원을 받아 내며 불법적으로 돈을 모았습니다. 어느 날 유대인이 찾아왔습니다. 주지사는 똑같이 물었습니다.

"저기 보이는 짐승이 무엇이오?"

유대인이 대답하였습니다.

"존경하는 지사님! 저기 있는 짐승은 암염소도 아니고, 숫염소도 아닙니다. 더구나 양도 아닙니다. 저기 있는 짐승은 하늘이 내린 재앙입니다. 그러니까 간단히 말씀하세요. 얼마를 내면 내가 재앙에서 벗어날 수 있을까요?"

__결혼을 앞둔 사장

어느 사장이 토요일에 급하게 결혼을 하게 되었습니다. 그래서 비서에게 말했습니다.

"비서!"

"네."

"이번 토요일에 갑자기 결혼하게 되었네. 모든 약속을 취소하여 주게."

몇 시간 후 사장이 비서에게 물었습니다.

"다 취소했나?"

"네, 다 했습니다. 그런데 사장님, 결혼할 여자 분이 결혼을 취소하였다고 서운해서 어디론가 가 버리셨습니다."

__정신병자

정신병원에서 환자 두 명이 산책을 하고 있었습니다. 한 사람이 걸음을 멈추더니 작은 호수에서 자꾸만 물을 떠서 마시는 것이었습니다. 다른 환자가 물었습니다.

"왜 그렇게 물을 마시니?"

"이상해! 아침에 내가 이 호수에다 각설탕 두 덩어리를 넣었는데 안 풀어졌나 봐. 아직도 달지가 않아!"

그러자 다른 환자가 말했습니다.

"바보야! 물을 젓지 않았잖아!"

__술은 사람을 죽인다

한 군대에서 군인들이 술을 자주 마셨습니다. 지휘관은 술을 금하여야겠다는 생각으로 벽에 이렇게 써 놓았습니다.

"술은 사람을 죽인다."

그러자 다음날 그 옆에다 누군가 이렇게 써 놓았습니다.

"군인은 죽음을 무서워하지 않는다."

__휴가

군대에서 한 병사가 사령관 앞에 서더니 말했습니다.

"사령관님! 집에 한번 가고 싶은데 허락해 주십시오. 머지않아 저는 아버지가 될 것입니다."

사령관은 아이들을 좋아하는 분이었습니다.

"그런가! 축하하네. 그런데 언제 아빠가 되나?"

병사는 진지하게 말했습니다.

"휴가 가서 열 달이 지나면 아버지가 될 것입니다."

__사장과 비서

여비서가 사장을 은근히 좋아하고 있었습니다. 주말이 되었습니다. 사장이 비서에게 물었습니다.

"주말에 어디 갈 계획 있나?"

여비서는 때가 왔다고 생각하고 너무나 좋아서 얼른 대답하였습니다.

"아무 계획도 없는데요."

사장이 웃으면서 말했습니다.

"잘 되었네. 푹 쉬고 월요일에 지각하지 말게나."

__오케스트라

아들을 데리고 음악회에 갔습니다. 오케스트라 지휘자를 본 아들이 아버지에게 물었습니다.

"아빠! 저 앞에 있는 남자는 왜 몽둥이로 앞에 있는 여자를 위협하며 흔들어요?"

아빠가 말했습니다.

"저것은 몽둥이가 아니라 지휘봉이란다. 위협하는 게 아냐."

이 말을 듣고 아들이 물었습니다.

"아빠! 위협하지도 않는데 왜 저 여자는 저렇게 비명을 지르죠?"

__온도계

아들이 아버지에게 물었습니다.

"아빠! 선생님이 그러시는데 온도계가 떨어지면 추워진다고 하셨어요."

아빠가 말했습니다.

"그럼!"

아들이 말했습니다.

"아빠! 곧 추워질 거예요. 제가 방금 온도계를 떨어뜨렸거든요."

__안전제일

변호사가 자기 고객에게 전보를 쳤습니다.

"당신의 장모님이 어젯밤에 돌아가셨습니다. 매장을 할까요? 미라를 만들까요? 화장을 할까요?"

고객이 변호사에게 말했습니다.

"장모는 끔찍한 사람입니다. 난 안전한 것이 제일 좋아요. 세 가지 다 해주세요."

__거리

도시에 살고 있는 사람이 시골로 내려왔습니다. 길을 모르는 그는 한 농부에게 물었습니다.

"여기에서 도시까지는 얼마나 걸리죠?"

농부가 대답하였습니다.

"옛날에는 50킬로미터였는데 지금은 150킬러미터는 될 겁니다."

그가 이상하여 물었습니다.

"무슨 말인가요?"

농부가 대답하였습니다.

"요즈음 물가가 3배로 올라서 거리도 3배는 올랐을 것입니다."

__확인

으슥한 길거리를 지나가는 신사에게 한 사람이 물었습니다.

"혹시 이 근처에서 경찰이나 경비원을 보셨나요?"

신사가 말했습니다.

"한 명도 보지 못했습니다."

그러자 갑자기 그 사람이 험악해지며 소리를 질렀습니다.

"그러면 지갑과 시계를 풀어!"

__공원에서

공원에 입장하려고 줄을 서는데 사람들이 너무나 길게 늘어서 있었습니다. 앞사람 옷이 자꾸 위로 올라가서 속살이 보였습니다. 뒷사람이 옷을 잡아당겨 주었습니다. 그러자 그 사람이 그 앞 사람 옷을 잡아당겼습니다.

이상해서 물어보았습니다.

"왜 옷을 당기나요?"

그 사람이 대답하였습니다.

"나도 몰라요. 뒷사람이 시작한 일이니 뒷사람에게 물어보시오."

__아무도 읽을 수 없는 글씨

아주 산골 동네가 있었습니다. 너무 깊은 산골이라 공부를 한 사람이 없었습니다. 다행히 글을 쓸 줄 알고 읽을 줄 아는 사람이 한 명 있었습니다. 어느 날 도시에 나가 있는 아들에게서 노모에게 편지가 왔습니다. 노모는 편지를 들고 그 사람에게 갔습니다. 그리고 읽어 달라고 한 뒤 답장을 써 달라고 부탁하였습니다.

글을 아는 사람이 말했습니다.

"저는 아들이 살고 있는 도시까지는 갈 수가 없는데요."

"아니, 안 가도 되네. 편지만 써서 보내주면 돼."

그 사람이 말했습니다.

"제가 글씨를 쓰면 아무도 못 읽어요. 그래서 제가 같이 가서 읽어 주어야 한답니다."

_상복을 입고 다니는 이

마을의 어떤 사람이 검은 상복을 입고 다녔습니다. 동네 사람들이 물었습니다.

"누가 죽었나요?"

그가 대답하였습니다.

"아니요. 누가 죽을 것을 대비해 미리 입고 나왔지요."

_칼

어느 나라에서 칼 때문에 많은 사고가 일어나자 칼을 가지고 다니지 못하게 하는 법을 만들었습니다. 그런데 어떤 사람이 큰 칼을 차고 다녔습니다. 그러다가 들키고 말았습니다.

"당신은 칼을 차고 다니면 안 되는 법을 모르오?"

"압니다." "그런데 왜 그렇게 큰 칼을 차고 다니오?"

"저는 사과를 좋아합니다. 사과를 깎아 먹으려고요."

"그럼 칼이 왜 이렇게 큰 거요?"

"저는 큰 사과만 깎아 먹거든요."

__반 채만 팝니다

한 가난한 사람이 집을 샀습니다. 할 수 없이 다른 사람을 끌어들여 반만 사용하였습니다. 불편해진 그는 반 채를 복덕방에 내놓았습니다. 복덕방 주인이 물었습니다.

"왜 반 채를 파나요?"

그가 대답하였습니다.

"반 채를 팔아서 나머지 반 채를 사려고요."

__부부싸움

부부싸움이 크게 나자 아내는 옆집으로 잠깐 도망을 갔습니다. 마침 큰 파티가 열리고 있었습니다. 옆집 주인은 축하하러 온 줄로 알고 극진한 대접을 하였습니다. 그리고 남편도 불렀습니다. 남편 역시 잘 얻어먹었습니다. 돌아오는 길에 남편이 말했습니다.

"여보! 우리 자주 싸웁시다."

__증세의 호전

아내가 몹시 통증을 느끼면서 남편에게 소리를 질렀습니다.

"의사 좀 불러 줘요."

남편이 의사를 부르러 뛰어 나갔습니다. 좀 멀리 갔을 때, 아내가 다시 소리를 질렀습니다.

"여보! 통증이 멈췄어요. 의사 부르지 않아도 돼요."

그래도 남편은 의사에게 달려가서 말했습니다.

"선생님! 아내가 통증이 심해서 모셔가려고 했는데 방금 나았답니다. 안 오셔도 됩니다."

_40일 후에 다리가 부러질 것입니다

장님에게 지팡이는 다리나 마찬가지였습니다. 그런데 어떤 사람이 실수로 그 지팡이를 부러뜨렸습니다. 그가 말했습니다.

"당신은 내 다리를 부러뜨렸으니 40일 후에 당신 다리가 부러질 것이오."

그런데 며칠 후 그 사람이 길을 가다가 실수로 넘어지는 바람에 다리 한 쪽이 부러지고 말았습니다. 그 사람은 항의하며 물었습니다.

"40일 후에나 다리가 부러진다고 하지 않았소. 그런데 오늘 부러졌잖소."

장님이 말했습니다.

"40일 후에는 다른 다리가 부러질 것이란 말이오."

_왕따 늙은이

어느 마을에 왕따를 당하는 노인이 한 분 살고 있었습니다. 너무나 외곬이었기에 사람들이 모두 싫어하였습니다.

동네 사람들이 말했습니다.

"우리 마을을 떠나 주시오."

그 늙은이가 말했습니다.

"생각해 보시오. 이 늙은이가 떠나서 혼자 어떻게 살겠소. 당신들이 모두 다 같이 떠나시구려. 그리고 새 마을을 건설하는 게 어떻겠소? 수가 많아서 쉬울 것입니다."

__숲속에서 죽은 이

어느 날 한 남자가 깊은 숲속을 걸어가고 있었습니다. 그때 갑자기 큰 짐승
이 나타났습니다. 그는 겁에 질려 도망을 치다 넘어지고 말았습니다. 짐승
이 달려와서 덤벼들었습니다. 그는 이제 죽었다고 생각하였습니다. 그러나
그는 숨을 쉬고 있었고, 일어나 자기 아내에게 가서 자기가 죽은 이야기를
하였습니다. 아내는 남편이 죽었다는 소식을 듣고 목 놓아 울었습니다. 동
네 사람들이 모여들었습니다. 그리고 물었습니다.
"당신 남편이 어디에서 죽었나요?"
"숲속에서요."
"그가 죽었다고 누가 알려주었나요?"
"남편이요."
"죽은 남편이 어떻게 알려주나요?"
아내가 말했습니다.
"혼자 죽었기 때문에 아무도 시체를 운반해 주지 않아서 할 수 없이 남편
이 직접 와서 알려주었지요."

__산을 불러온 사나이

어느 마을에 초능력을 발휘한다는 사나이가 있었습니다. 동네 사람들은 그
사나이에게 가서 말했습니다.
"당신은 초능력이 있으니 저 산을 불러와 보시오."

사나이는 산을 향하여 외쳤습니다.

"산아! 내게로 오너라."

그러나 아무리 소리를 질러도 산은 다가오지 않았습니다. 그는 태연하게 산을 향하여 걸어갔습니다. 사람들이 물었습니다.

"어디로 가는 것이오?"

그 사나이가 말했습니다.

"저는 그렇게 막무가내로 행동하는 사람이 아닙니다. 산을 불러서 오지 않으면 내가 가면 되지요."

_채소 장수

채소 장수가 낙타 등에 채소를 잔뜩 싣고 시장에 팔러 나갔습니다. 그리고 외쳤습니다.

"싸구려! 채소 한 다발에 1,000원!"

계속 외쳐댔지만 낙타 울음소리 때문에 사람들이 듣지를 못하였습니다. 채소 장수가 낙타에게 외쳤습니다.

"내가 채소를 팔아야겠니? 너를 팔아야겠니?"

_여물 줄이기

어느 해 겨울이었습니다. 목축생활이 어려워진 목축업자가 당나귀에 주는 밀 음식을 줄이기 시작하였습니다. 당나귀는 아무 불평도 하지 않고 잘 지냈습니다. 그러나 행동은 점점 느려지고 힘이 없어져 갔습니다. 그러던 어느 날 굶어 죽고 말았습니다. 주인은 이렇게 탄식하였습니다.

"안 됐군. 진작 내가 주는 양식에 익숙해지지 않고 죽었더라면 양식을 더 줄이는 것인데……."

_나는 바보가 아니다

한 남자가 시장에서 많은 물건을 구입하였습니다. 지게꾼을 불러 같이 집으로 오는 길에 혼잡하여 둘은 헤어지게 되었습니다. 일주일 뒤 그 남자가 친구와 함께 걸어가는데 멀리에서 그 짐꾼을 발견하였습니다. 잘 되었다고 생각하고 달려갔습니다. 그런데 거의 다가갔을 무렵 그가 몸을 숨기는 것이었습니다. 친구가 물었습니다.
"왜 그래?"
그가 대답하였습니다.
"내가 바보인 줄 알아? 저 지게꾼이 나를 보면 일주일 품삯을 달라고 할 텐데 엄청날 거 아냐."

_나는 알아요

그 밭은 배추 농사가 잘 되었습니다. 그런데 옆집 황소가 오더니 배추를 모조리 뜯어 먹고 있었습니다. 밭주인은 화가 나서 회초리로 황소를 치기 시작하였습니다. 마침 황소 주인이 지나가다가 이 광경을 보고 소리를 질렀습니다.
"남의 황소를 왜 때리는 거요? 뭘 잘못했다고……."
밭주인이 말했습니다.
"당신은 몰라도 나는 알아요."

__목숨 보태기

유명한 랍비가 죽을병에 걸렸습니다. 온 동네 사람들이 모여서 금식을 하며 살려 달라고 기도하였습니다. 하나님의 음성이 들렸습니다.

"너희들의 기도가 정성스러우니 기도에 응답하여 랍비의 생명을 연장시켜주겠다. 단 너희들의 생명에서 주는 기간만큼 늘어나게 될 것이다."

조금 후 구둣방 주인이 일어나서 말했습니다.

"한 달 목숨을 내놓겠습니다."

조금 후 장로 아내가 일어나 말했습니다.

"저는 일주일을 더하겠습니다."

양복점 주인이 일어나서 말했습니다.

"저는 한 달 사흘을 내놓겠습니다."

너도 나도 일어나서 말했습니다.

"일주일!"

"5일!"

"10일!"

모두가 난리였습니다. 그때 큰 소리로 "20년!" 하는 목소리가 들려왔습니다. 모두가 돌아보았습니다. 그는 큰 소리로 말했습니다.

"내 목숨에서 주는 것이 아니라 우리 계모 목숨에서……."

__양초 대신 포도주를

한 남자가 랍비를 찾아가서 회개하며 말했습니다.

"랍비님! 하나님께 용서를 구합니다. 남의 양초 6개를 훔쳤습니다."

"6개씩이나요? 모세의 율법을 어긴 것입니다. 대신 우리 회당에 양질의 포도주 6병을 바치는 것으로 죄를 씻으십시오."

그 남자가 말했습니다.

"양초도 없어서 도둑질을 한 제게 양질의 포도주가 어디 있단 말입니까?"

랍비가 말했습니다.

"양초를 손에 넣은 방법으로 하면 될 것이오."

__광견과 랍비

자기가 랍비보다 머리가 좋다는 것을 알리고 싶은 사람이 있었습니다. 그는 랍비를 찾아가서 물었습니다.

"랍비님! 사람들이 광견을 만나면 가만히 앉습니다. 그리고 랍비를 만나면 일어나지요. 그렇다면 질문하겠습니다. 랍비가 광견을 데리고 가면 사람들은 어떻게 할까요? 일어나겠습니까, 앉겠습니까?"

그 사람의 의중을 알아챈 랍비는 이렇게 말했습니다.

"흔하지 않은 예군요. 광견을 보고 앉는 것은 안전 때문이지요. 랍비를 보고 일어서는 것은 존경이고요. 그래서 실제로 해 보아야 합니다. 당신과 내가 걸어가 봅시다. 사람들이 어떻게 하는지를 보면 일어서는지 앉는지를 알 것입니다."

__딸이 너무 많아

이론에 뛰어난 랍비가 있었습니다. 그가 이론을 가르치고 있는데 한 학생이 일어나서 물었습니다.

"랍비님! 만약 다섯 명의 딸과 오백만 원을 선택하라고 하면 어떤 것을 택하시겠습니까?"

랍비가 말했습니다.

"그야 다섯 딸을 선택하지."

학생이 다시 물었습니다.

"냉철한 판단이신가요?"

"그렇지."

"왜 그렇습니까?"

랍비가 말했습니다.

"오백만 원을 가지고 나면 더 가지고 싶어 하지. 그러나 다섯 딸을 가지면 더 가지고 싶어 하지는 않는다네. 게다가 오백만 원을 갖고 싶다고 하더라도 실제로 내 손에 들어오지도 않아."

학생이 고개를 끄떡이면서 말했습니다.

"잘 알겠습니다."

랍비가 말했습니다.

"한 가지 덧붙일 것이 있네. 내게는 지금 딸이 여덟 명이나 있어."

__랍비와 신부

가톨릭 신부와 랍비가 만났습니다. 신부가 랍비에게 말했습니다.

"도대체 당신들은 언제 식사법을 고칠 것입니까? 맛있는 새우도 안 먹지요. 기름이 잘잘 흐르는 돼지고기 맛도 모르지요. 굴도 맛있는데 그것도 먹지 않아요. 지금 굴이 한창일 때랍니다. 언제 마음껏 먹을 때가 있을까요?"

랍비가 말했습니다.

"그럽시다. 당신 결혼식 날 실컷 먹어 드리지요."

_잉어에 대한 선고

랍비가 저녁 식사 때 먹으려고 잉어를 한 마리 샀습니다. 유대인들은 잉어 요리를 너무나 좋아하였습니다. 잉어를 요리하고 있는데 잉어가 꼬리를 치면서 랍비의 뺨을 후려쳤습니다. 랍비는 깜짝 놀라서 외쳤습니다.

"이 마을이 생긴 이래 이런 무례한 잉어는 처음이군."

화가 난 랍비는 장로들과 의논하였습니다. 장로들은 기상천외의 선고를 내렸습니다.

"이 놈을 냇가로 가져다가 물에 빠져 죽게 쳐 넣어라."

_엉망진창일 집안

이스라엘 독립기념일이면 대운동장에서 큰 행사가 벌어집니다. 입장권도 최고 비싼 날입니다. 암표가 성행합니다. 입장권을 조사하러 다니는 직원이 일등석에 왔을 때 6살 정도의 꼬마아이가 혼자 앉아 있는 것이 보였습니다. 조사하니 일등석 표를 가지고 있었습니다. 그래서 물었습니다.

"혼자 왔니?"

"네."

"아빠는?"

"집에요."

"왜 아빠와 같이 오지 않았니?"

"아빠는 지금 집안을 엉망진창으로 만들어 놓았을 거예요."

"왜?"

"제가 아버지 일등석 표를 가지고 몰래 나왔거든요. 아빠는 이 표를 찾느라고 온통 집안을 뒤지고 있을 거예요."

_일부러 먹는 금식

예루살렘에 온 사람이 자기가 살고 있는 브엘쉐바의 랍비 자랑을 늘어놓았습니다.

"보통 랍비들은 유월절이면 이삼 일 금식을 하지요. 그런데 우리 랍비는 두 주간을 금식한답니다. 참 좋은 랍비예요."

이 말을 듣고 있던 친구가 말했습니다.

"무슨 소리예요. 그저께 내가 브엘쉐바에 들렀더니 당신 랍비가 식당에서 식사를 하던데요. 내 눈으로 똑똑히 보았답니다."

이 말을 들은 친구가 말했습니다.

"당연하지요. 우리 랍비는 누구보다 겸손한 분입니다. 그래서 남에게 금식하는 것을 자랑하지 않아요. 아마 금식한다는 사실을 숨기기 위해 일부러 먹었을 겁니다."

_은총

한밤중에 불이 나서 그 마을의 집 30채 가량이 불에 탔습니다. 간신히 옆집으로 번지는 불길을 잡고 안도의 한숨을 쉬고 있을 때 랍비가 와서 말했습니다.

"이 불은 하나님이 내리신 은총의 불입니다."

사람들이 놀라서 물었습니다.

"랍비님! 저렇게 30채나 불타 사라졌는데 은총이라니요?"
랍비가 말했습니다.
"생각해 봐요. 만일 하나님이 그 불을 안 주셨으면 칠흑같이 어두운 밤이라 저 마을을 다 불태울 뻔하지 않았습니까."

_아들이 최고

무슨 일이든지 잘 안 되는 남자가 있었습니다. 원인을 찾던 중 그는 자기가 못 배워서 그렇다는 결론을 내렸습니다. 그래서 아들만은 공부를 많이 시키기로 작정하였습니다. 그는 아들을 미국으로 유학을 보냈습니다. 여름방학이 되자 아들이 집에 들렀습니다. 아버지가 물었습니다.
"아들아! 대학에서 공부 많이 했느냐?"
"네."
"그러면 저 바다 깊이는 얼마나 되지?"
"물 표면에서 밑바닥까지 다 달라서 몰라요."
"오! 그래! 대단하구나! 그러면 지네는 발이 100개가 된다는데 오른쪽에는 몇 개이고 왼쪽에는 몇 개나 되지?"
"이쪽에 51개이면 저쪽이 49개이고요. 이쪽이 49개이면 저쪽이 51개지요."
"대단하구나. 정말 공부 많이 하였구나!"
아내는 옆에서 아들과 남편의 대화를 들으면서 흐뭇해하고 있었습니다. 아버지는 주머니에 있는 동전을 한 움큼 쥐어 들고 물었습니다.
"내 손안에 무엇이 들어 있는지 아느냐?"
아들은 가만히 생각하더니 말했습니다.
"그것은 해부학적으로, 인류 형태학적으로, 물리학적으로, 생태학적으로 보면 둥근 것이군요."

아버지는 놀라며 말했습니다.

"맞다, 역시 놀랍구나."

"아버지! 기하학적으로 보아도 둥근 것입니다. 그러니까 자동차 타이어 같아요."

__우리 소유가 아닙니다

배가 뒤집힐 듯이 요동을 치고 있었습니다. 어떤 사람은 울고 있고, 어떤 사람은 소리를 지르고 있었습니다. 또 어떤 사람은 기도하고 있었습니다. 모두가 죽을 것 같은 공포에 떨고 있었습니다. 그런데 한 사람만은 태연하게 앉아 책을 읽고 있는 것이 아니겠습니까. 다른 사람이 물었습니다.

"당신은 무섭지 않나요?"

"그렇소. 난 아무렇지도 않소."

"왜죠?"

그가 말했습니다.

"배가 깨지면 당신 배인가요? 내 배인가요? 손해 날 게 없지 않겠소."

__개구쟁이 아이

유대교 집안의 너무나 개구쟁이인 아이가 학교에 입학을 하였습니다. 어느 날 교장 선생님이 부모를 불러 말했습니다.

"우리는 이 아이를 더는 가르칠 수 없으니 데리고 가십시오. 다른 아이들을 때려서 병원에 데려고 가야 하죠. 유리창을 모조리 깨뜨리죠. 오늘 아침에는 제 방 앞에 초칠을 하여 제가 넘어져 머리가 깨질 뻔했습니다. 데리고 가십시오."

아이는 퇴학을 당하였습니다.

아이를 다른 학교에 입학을 시켰지만 마찬가지였습니다. 가는 학교마다 그 모양이었습니다. 이제 갈 학교도 없어졌습니다. 기독교 학교가 하나 남아 있기는 하지만 유대교 집안이라 보낼 수가 없었습니다. 그러나 학교가 하나밖에 안 남았기에 할 수 없이 그 학교에 보낼 수밖에 없었습니다. 그 학교마저 퇴학당하면 이제 더는 교육을 시킬 수 없었습니다.

며칠이 지났습니다. 교장 선생님이 부모를 불렀습니다. 부모는 야단났다고 생각하고, 걱정스러운 마음으로 학교로 갔습니다. 교장 선생님이 말하였습니다.

"이 아이는 일등감입니다. 이렇게 착실한 아이를 어떻게 길렀나요? 상을 주어야 합니다."

부모는 어리둥절하였습니다. 그래서 집으로 돌아와서 아들에게 물었습니다.

"너, 어떻게 된 거니?"

아들이 말했습니다.

"아빠! 그 학교에 갔더니 어떤 사람이 십자가에 매달려 피투성이가 되어 있더라고요. 그 사진을 보는 순간 잘못하면 저렇게 되겠구나 싶어 아찔했어요. 그래서 열심히 공부만 하기로 마음먹었죠 뭐."

_간섭

새벽 5시였습니다. 한 거지가 부잣집 문을 요란하게 두드리며 주인을 깨웠습니다.

"거지입니다. 돈 좀 보태 주십시오."

잠에서 깬 주인이 놀라서 나와 보니 거지였습니다. 화가 난 주인은 소리를 질렀습니다.

"있어도 안 준다. 너같이 무례한 놈에게는 한 푼도 줄 수 없어. 새벽에 남의 집 문을 두드리는 거지가 어디 있단 말인가?"

거지가 말했습니다.

"우리는 서로의 인격을 존중해야 합니다. 당신이 일할 때 그 시간이나 방법에 대해서 내가 한 마디라도 참견한 적이 있나요? 남에게 간섭하면 안 되지요. 서로 사업이 다르니까요."

_말뚝

나치 정권에서 구사일생으로 풀려나 도망치던 유대인이 있었습니다. 그는 폴란드에 들어섰습니다. 겨울이라 온 대지가 눈으로 덮였고 싸락눈이 내리고 있었습니다. 그때 무서운 개가 덤벼들었습니다. 옆에 마침 말뚝이 있었습니다. 그는 말뚝을 뽑아 개를 쫓으려고 하였지만, 추위에 얼어서 말뚝이 뽑히지 않았습니다. 개가 더 무섭게 덤벼들자 그는 다시 말뚝을 뽑으려고 달려들었습니다. 그러나 빠지지 않았습니다. 유대인이 중얼거렸습니다.

"이런 못된 나라가 있나. 개는 묶어 두지 않고, 말뚝은 묶어 두다니……."

_펭귄과 수녀

파티가 한창이었습니다. 늦게 온 친구가 헐레벌떡 뛰어 들어오며 말했습니다.

"여보게, 펭귄 키가 얼마나 되나?"

"왜? 글쎄, 모르겠는데."

"빨리 백과사전을 가지고 와서 찾아 줘!"

파티를 열어 놓은 주인은 영문도 모른 채 사전을 가지고 와서 찾았습니다.

"여기 있군. 펭귄은 17종이 있네. 날개는 지느러미 형상이고, 색깔은 검정과 흰색이고."

"여보게, 그것보다 키가 얼마나 되나 찾아봐 줘!"

"뉴질랜드, 오스트리아 펭귄은 30센티미터이고, 가장 큰 황제 펭귄은 90센티 정도이네."

"정말인가?"

"그래."

늦게 달려온 친구가 말했습니다.

"이런, 내가 여기로 급히 오면서 차로 받은 것이 펭귄이 아니라 수녀였구나!"

__독립심

거지가 부자에게 와서 구걸을 하였습니다. 부자가 보니 거지에게는 아들이 6명이나 있는데 모두 사업에 성공한 이들이었습니다. 그래서 물었습니다.

"당신 아들들이 이렇게 잘사는데 왜 당신은 거지 노릇을 합니까?"

거지가 말했습니다.

"저는 독립심이 강하거든요."

__부자가 되는 이유

부자에게 거지가 찾아와서 구걸을 하였습니다. 그러나 구두쇠 부자는 한 푼도 내주지 않았습니다. 거지가 말했습니다.

"탈무드 이야기 하나 해 드리고 가도 되겠습니까?"

"자네가 탈무드 이야기를 한다고 해서 내가 돈을 줄 줄 아나? 그러나 어디 한번 해 보게."

거지가 말했습니다.

"탈무드에 보면 개가 돼지를 물어 죽일 때 귀를 물어서 죽입니다. 그런데 귀를 물고서 무어라고 말하는지 아십니까? 이렇게 묻는 것입니다. 돈만 있 으면 왜 모두들 돼지가 되는 것이지?"

__랍비의 설교

랍비가 아침에 산책을 하는데 한 성도가 의자에 앉아 있었습니다.

"샬롬!"

랍비가 인사를 건넸지만 그는 듣지를 못하였습니다. 랍비는 다시 한 번 말 했습니다.

"샬롬!"

그때서야 그가 듣고 말했습니다.

"랍비님! 죄송합니다. 사실은 어젯밤에 랍비님 설교를 듣고 잠을 자지 못 해 정신이 멍한 상태입니다."

랍비는 자기 설교를 듣고 잠을 못 잤다는 말에 기분이 좋아서 물었습니다.

"어떤 말씀이 좋았나요?"

그가 말했습니다.

"저는 랍비님이 설교하시면 늘 자거든요. 그리고 나면 그날 밤은 잠을 못 자요."

__인색

마을에서 제일 부자인 사람에게 랍비가 찾아가서 말했습니다.

"구제 헌금을 좀 하세요. 사해와 갈릴리를 아시지요. 갈릴리는 받아서 주니까 푸른 생명의 바다가 되었지만, 사해는 받기만 하고 주지 않으니까 사해가 되었지요. 이 말씀을 드리러 왔습니다."

부자가 말했습니다.

"저도 그런 것은 알고 있습니다. 그러나 오른손이 하는 일을 왼손이 모르게 하고 싶어서 구제는 비밀리에 하고 있습니다."

랍비가 말했습니다.

"이상하군요. 당신이 비밀리에 하는 나쁜 일은 온 동네 사람이 다 알고 있는데, 당신이 비밀리에 하는 좋은 일은 동네 사람이 하나도 모르고 있는걸요."

__소를 날지 못하게 창조한 이유

두 친구가 나란히 길을 걷고 있었습니다. 화창한 날씨였습니다. 길가에는 꽃이 아름답게 피어 있고, 하늘에서는 새들이 날고 있었습니다. 들판에는 소와 양 들이 한가하게 풀을 뜯고 있었습니다. 한 친구가 말했습니다.

"야! 정말 아름답다. 하나님은 위대한 창조주이셔. 벌레 하나도 하나님은 세밀하게 창조하셨지. 생각해 봐! 저기 소도 처음에는 작은 송아지였잖아. 저 새들도 알 속에서 나왔고 말이야."

같이 걷던 친구가 말했습니다.

"그래, 하나님은 정말 위대하신 분이야. 나도 그렇게 생각해. 그런데 이해하지 못할 것이 하나 있어."

"뭔데?"

"소는 몸집이 크니까 먹을 것이 많이 필요해. 새는 몸집이 작으니까 조금만 먹어도 되고. 그런데 새에게는 하나님이 날개를 주셔서 온 천지를 다니며 먹을 것을 찾아 먹게 하시고, 소에게는 왜 날개를 주지 않아서 주변에 있는 것만 먹게 하셨을까? 하나님은 이상해."

그때 새 한 마리가 머리 위를 날아가더니 똥을 쌌습니다. 그 사람의 이마에 똥이 흘러 내렸습니다. 그 때 그 친구가 탄성을 올리며 말했습니다.

"아! 알겠다. 이제야 알겠다. 하나님은 참 위대하시다. 하나님의 뜻을 알겠다. 감사하다."

그리고 똥을 닦았습니다.

_랍비의 거스름돈

한 부자가 죽어가면서 구원의 확신이 없어 고민을 하였습니다.

"아들아! 빨리 랍비를 불러다오. 천국에 가게 기도해 달라고 부탁하고 싶구나."

"천만 원은 드려야 하는데요."

"그래라."

랍비를 불렀습니다. 그러나 혹시 가톨릭에서 말하는 천국이 정말 천국일

거 같은 생각이 들어서 말했습니다.

"신부님도 불러라."

"신부님에게도 천만 원은 드려야 하는데요."

"그래라."

그러고 나자, 목사가 말하는 천국이 정말 천국일지도 모른다는 생각이 들었습니다. 그래서 또 말했습니다.

"아들아! 목사님도 불러라."

"목사님에게도 천만 원은 드려야 합니다."

"그래라."

부자는 세 사람에게 각각 1,000만 원씩 주면서 말했습니다.

"나도 천국에 갈 때 돈이 필요할 것 같군요. 내가 죽으면 당신들에게 드린 돈 중에 이천만 원씩만 내 관에 넣어 주십시오."

그리고 며칠 후 부자가 죽었습니다. 신부가 2,000만 원을 관 속에 넣었습니다. 목사도 2,000만 원을 관속에 넣었습니다. 랍비는 6,000만 원짜리 수표를 써서 넣었습니다. 그리고 현금 4,000만 원을 가지고 갔습니다.

_죄 중의 죄

한 유대교 신자가 랍비에게 와서 죄를 고백하였습니다.

"랍비님! 저는 성경에 기록된 죄는 모두 다 지었습니다. 도둑질, 강도, 강간, 간음, 시기, 질투, 미움, 살인 등 모든 죄를 범하였습니다."

그는 은근히 자기 죄를 자랑하였습니다. 이 말을 듣던 랍비가 말했습니다.

"당신은 모든 죄를 지은 것이 아닙니다. 가장 큰 죄는 자살이지요. 당신은 그 죄 짓는 것 하나만 남아 있군요."

__외상

한 손님이 상점에 와서 물건을 흥정하였습니다. 2만 원짜리 물건을 9,800원까지 깎았습니다. 그리고 마지막으로 말하였습니다.

"9,700원에 주십시오."

"안 됩니다. 2만 원짜리를 9,800원까지 깎았으면 그만 깎아야 합니다."

"100원만 더 깎아 주십시오."

"안 됩니다. 더구나 외상으로 사가는 것이 아닙니까?"

손님이 말했습니다.

"그것이 바로 내가 100원이라도 더 깎는 이유입니다. 내가 외상을 못 갚을 수 있잖아요. 그럴 경우 당신의 손실을 100원이라도 더 덜어 드리려고 하는 것이지요."

__추녀

너무나 추녀라 시집을 못 간 여자가 있었습니다. 대신 부자였기에 지참금 1억 원을 가지고 가기로 하였습니다. 중매 할머니가 총각에게 말했습니다.

"지참금이 1억 원이야."

총각이 말했습니다.

"좋습니다. 사진을 보여 주십시오."

중매 할머니가 말했습니다.

"지참금이 1억 원인데 사진까지 요구해? 너무 많이 요구하지 마라."

__인색한 남편

아주 인색한 남자가 있었습니다. 친구와 술을 마시며 이렇게 말했습니다.
"우리 마누라는 매일 돈을 달래. 그저께는 20만 원을 달라고 하더니 어제는 10만 원을 달라는 거야. 오늘 아침에는 15만 원을 달라고 하더군."
친구가 물었습니다.
"그렇게 돈을 달라고 해서 어디에 쓴대?"
친구가 말했습니다.
"어디에 쓰는지 알 수가 없어. 한 번도 돈을 줘 본 적이 없으니까 말이야."

__선인과 악인의 차이

공부 도중 한 학생이 랍비에게 물었습니다.
"랍비님! 세상에는 선인과 악인이 살고 있습니다. 선인과 악인의 차이는 무엇인가요?"
랍비가 말했습니다.
"선인은 살아 있는 한 죄를 짓지 않을 수 없다고 생각하며 살지. 그러나 악인은 죄를 짓는 동안만 살아 있다고 생각한다네."

__탈무드 교훈

· 사람들은 지식을 많이 가지면 늙지만, 돈을 많이 가지면 젊어진다.
· 의사로부터 굶으라는 지시를 받으면 부자라도 굶어야 한다.
· 요리를 먹고 빚쟁이를 피하는 것보다 배추를 먹고 당당히 걷는 것이 낫다.

· 가난한 사람은 봄, 여름, 가을, 겨울밖에 고생하지 않는다.

· 인류를 사랑하기는 쉬워도 사람을 사랑하기는 어렵다.

· 천국 문은 기도할 때에는 닫힐 수 있어도 눈물 앞에서는 열리게 마련이다.

· 포도주를 마시고 있는 시간을 낭비라고 생각하지 마라. 쉼의 시간이다.

· 한 쪽 다리가 부러졌으면 두 다리가 부러지지 않은 것을 감사하라. 두 다리가 부러졌으면 목이 부러지지 않은 것을 감사하라. 목이 부러졌으면 더는 고민할 것이 없음을 감사하라.

· 가려운 곳을 긁으면 긁을수록 가렵다. 싫은 사람을 생각하면 생각할수록 싫어진다.

· 사람들은 각자 얼굴이 다른 것처럼 가지고 있는 비밀도 다르다.

· 벌레는 썩은 다음에야 들어간다.

· 돈을 잃는 것은 반을 잃는 것이고, 용기를 잃는 것은 다 잃는 것이다.

· 종도 현실에 만족하면 자유인이고, 주인도 현실에 만족하지 못하면 종이 된다.

· 세상에는 두 종류의 왕이 있다. 땅을 지배하는 왕과 자기를 지배하는 왕이다.

· 지혜로운 사람이 되는 비결이 있다. 식용 기름보다 등 기름을 더 많이 사용하라.

· 열매가 많은 나무는 바람에 흔들리지 않는다.

· 금은 흙탕물 속에서도 빛을 발한다.

· 호두나무에서 사과를 기대하지 마라.

· 개가 의자에 올라오는 것을 두면 식탁까지 오른다.

· 인간이 도저히 바꿀 수 없는 것은 부모이다.

· 손자 하나가 아들 셋보다 귀엽다.

· 늙은이는 젊어질 수 없음을 알지만, 젊은이는 늙어짐을 모른다.

· 미인은 보는 것이지 결혼하는 것이 아니다.

· 숨길 수 없는 것이 셋 있는데, 바로 기침과 가난과 사랑이다.

· 사랑하는 딸을 집안에 가두는 것은 백 마리 벼룩을 가두는 것보다 어렵다.

· 밤에 이야기할 때에는 목소리를 낮추고, 낮에 이야기할 때에는 주위를 살펴라.

· 여자에게 비밀을 말하기 전에 여자의 혀를 자르라.

· 너무 질문하지 마라. 질문을 많이 하면 하나님께서 이리 말씀하신다. "그렇게 알고 싶으면 하늘나라로 오너라."

· 아름다운 목소리로 우는 새도 먹을 때면 입을 다문다.

· 어리석은 자라도 입을 다물고 있을 때만은 지혜로운 사람에 낀다.

· 입에도 휴식을 주고 남의 말에 귀를 기울이라.

· 장수하고 싶거든 코로 숨을 쉬고 입을 다물어라.

· 세 친구가 있다. 매 끼니와 같아서 언제나 필요한 친구가 있고, 약과 같아서 특정한 때에만 필요한 친구가 있고, 병과 같아서 언제나 피해야 할 친구가 있다.

· 두 사람이 다툴 때 화해를 요청하는 편이 이기는 것이다.

· 바늘귀라도 사랑하는 사람이 이야기할 땐 충분하지만, 사이가 나쁜 사람에겐 세상이라도 좁다.

· 말을 먹이로 부리는 것이 채찍으로 부리는 것보다 낫다.

· 친구인 체하는 친구는 철새 같아서 추워지면 날아간다.

· 모두 서 있을 때 앉지 말고, 모두가 앉아 있을 때 서 있지 마라. 모두가 웃을 때 울지 말고, 모두가 울 때 웃지 마라.

· 좋은 손님은 오자마자 기뻐하고, 나쁜 손님은 가자마자 기뻐한다.

· 마늘을 먹을 때에는 같이 먹으라.

· 땅바닥에 엎드리면 넘어질 것이 없다.

· 높이 오르지 않으면 떨어질 리가 없다.

· 배고플 때에는 노래 부르고 다쳤을 때에는 웃어라.

· 어떤 밧줄이라도 너무 당기면 끊어진다.

· 어떤 오르막길이라도 반드시 내리막길이 있다.

· 천사라도 두 가지 일을 동시에 할 수 없다.

· 위의 3분의 1은 먹을 것으로 채우고, 3분의 1은 마실 것으로 채우고, 3분의 1은 남겨 두어라. 위는 머리와 달라서 무제한 밀어 넣을 수 없다.

· 인생은 지혜로운 사람에게는 꿈이고, 어리석은 사람에게는 놀이이고, 부자에게는 희극이고, 가난한 사람에게는 비극이다.

· 지혜로운 사람은 누구인가? 모든 사람으로부터 배울 수 있는 사람이다. 강한 사람은 누구인가? 자기감정을 누를 수 있는 사람이다. 풍부한 사람은 누구인가? 자기가 가진 것을 누릴 줄 아는 사람이다. 사랑받는 사람은 누구인가? 칭찬할 줄 아는 사람이다.

_원인

최초로 쇠가 만들어졌을 때 온 세상 나무들이 벌벌 떨었습니다. 그때 하나님이 말씀하셨습니다.

"나무들아! 걱정하지 말거라. 너희들이 자루를 주지 않는 한 도끼를 만들어도 너희를 해할 수는 없다."

_말의 상처

세상 동물들이 다 모여서 뱀에게 물었습니다.

"사자는 먹이를 쓰러뜨린 다음에 먹고, 늑대는 사냥감을 찢어서 나누어 먹지. 그런데 뱀 너는 사냥감을 통째로 삼켜 버리니 웬일이냐?"

뱀이 말했습니다.

"나는 그렇게 하는 것이 남을 헐뜯는 인간보다 낫다고 생각해. 적어도 말로 남에게 상처를 입히지는 않아."

_25시

게으름뱅이가 자기를 고용한 주인에게 말했습니다.

"하루가 25시간이라면 얼마나 좋을까요?"

주인은 좋아하였습니다. 이제 마음먹고 하루 24시간이 부족하게 일하려는 줄 알았기 때문입니다. 그래서 물었습니다.

"왜 그러니?"

게으름뱅이가 말했습니다.

"24시간 놀고 1시간만 일하고 싶어요."

_운

유대인 속담에 이런 것이 있습니다. '운 나쁜 놈은 빵이 땅에 떨어져도 버터 바른 쪽이 땅에 닿는다.' 무슨 일이든지 잘 안 되는 운이 억세게 안 좋은 친구가 빵을 들고 있었습니다. 친구가 건드려서 빵이 땅에 떨어졌습니다.

그런데 버터를 바른 반대쪽이 땅에 닿았습니다. 그는 좋아서 말했습니다.

"이제 운 나쁜 것이 지나갔나 봐!"

친구가 말했습니다.

"네가 버터를 잘못 바른 것이지."

__두 배

시인인 두 친구가 만났습니다. 둘은 친구이면서도 라이벌이었습니다. 한 친구가 말했습니다.

"우리 만난 지 1년 되었네."

"그렇군!"

"그런데 1년 동안 내 시 독자가 두 배로 늘었어."

다른 친구가 대답하였습니다.

"알고 있네. 자네가 결혼한 것을."

__키스 안 한 여인

집으로 돌아온 남편이 아내에게 말했습니다.

"여보! 오늘 집배원 친구와 만났는데 우리 아파트에서 키스 안 해 본 여자는 꼭 한 명뿐이라는군! 자랑스럽게 말해 주던걸."

말이 떨어지기가 무섭게 아내가 말했습니다.

"우리 아파트에서 한 명뿐이라면 203동 여자일 거예요. 아주 못생겨서 남자들이 다들 피해요."

__마차를 끌고 온 이유

어느 마을에 마음이 너무나 고운 랍비가 있었습니다. 이웃 마을에 볼일이 있어서 마부를 불렀습니다. 말과 마차를 끌고 온 마부가 말했습니다.

"랍비님! 부탁이 있습니다. 산을 오를 때에는 마차에서 내려 주십시오. 말을 타고 계시면 말이 지쳐서 갈 수가 없습니다. 산에서 내려갈 때에도 마차에서 내려 주십시오. 내리막길이라 위험합니다. 평지를 갈 때에는 걸으십시오. 건강에 좋습니다."

랍비는 마음이 착하여 마부가 시키는 대로 하였습니다. 이웃 마을에 도착한 랍비가 마부에게 말했습니다.

"여보게! 물어볼 것이 있네. 나는 볼일이 있어서 이 마을에 왔지. 자네는 돈 벌려고 이 마을에 왔고 말이야. 그런데 저 말은 왜 왔지?"

__잔꾀

마을에서 제일 부자이면서도 가장 인색한 사람이 하나 있었습니다. 그는 몸이 아파서 병원을 가게 되었습니다. 초진은 2만 원이고 재진은 1만 원이라고 써 놓은 것을 보았습니다. 부자는 1만을 더 내기 싫어서 의사를 만나자마자 인사를 하였습니다.

"반갑습니다. 또 만나게 되어 반갑군요."

그는 초진이 아닌 것처럼 능청을 떨었습니다. 이리저리 진찰하던 의사가 말했습니다.

"전과 똑같이 약을 잡수세요."

__랍비의 거짓말

마을에서 제일 부자가 랍비에게 말했습니다.
"랍비님! 제게 그럴듯한 거짓말을 하시면 천 달러를 헌금하겠습니다."
랍비가 말했습니다.
"만 달러를요?"

__인플레이션

인플레이션으로 모든 물가가 폭등하고 있었습니다. 그때 어떤 사람이 간암
으로 죽게 되었습니다. 그가 말했습니다.
"나를 냉동시켜 놓았다가 간암을 고칠 수 있을 때에 녹여서 간암을 고치게
하여라."
그렇게 하였습니다. 그리고 30년 만에 냉동에서 살려내어 병을 고쳤습니
다. 그때 집을 1억에 샀는데 10억 원이 되어 있었습니다. 앞마당도 5,000
만 원에 샀는데 5억 원이 되어 있었습니다. 주식도 몇 사 두었는데 엄청나
게 올라 있었습니다. 그는 자기 재산이 얼마나 되는지 알아보려고 여기저
기 복덕방에 전화를 걸었습니다. 나중에 전화 요금이 나왔습니다. 잠깐 걸
었는데 1억 원이 나왔습니다.

__교통사고

예루살렘에서 차가 살짝 스치기만 했는데 일부러 쓰러진 사람이 있었습니
다. 그는 병원에 가서 진찰을 하였습니다. 의사는 아무 이상이 없다고 결론

을 내렸으나, 그는 목이 부러졌다고 우겼습니다. 온몸이 마비되어 일어날 수 없다며 누워서 일어나지를 않았습니다. 보험회사에서는 할 수 없이 5억 원을 지불하였습니다. 그리고 나중에 꾀병이 증명되면 도로 배상하기로 계약을 한 뒤 감시원을 한 명 옆에 두기로 하였습니다. 그는 자기 아내에게 살짝 말했습니다.

"여보! 걱정하지 말아요. 프랑스로 갑시다. 그리고 기적의 물을 마시고 고침을 받았다고 하고 일어나 오면 돼요."

__시집을 안 가는 이유

결혼도 못하고 50을 넘긴 노처녀가 랍비를 만났습니다. 랍비가 물었습니다.

"당신은 왜 결혼하지 않습니까?"

노처녀가 말했습니다.

"저는 온종일 재잘거리는 앵무새를 기르고 있습니다. 그리고 집안 구석구석을 더럽히는 개도 기르고 있고요. 밤새도록 야옹거리는 고양이도 있습니다. 게다가 손이 많이 가는 금붕어와 거북이도 기르고 있지요. 그리고 매일 먹이를 주어야 하는 닭도 있습니다. 그런데 어떻게 남자까지 기를 수 있겠습니까?"

__유언장

아주 구두쇠로서 돈을 엄청나게 모은 부자가 병들어 죽게 되었습니다. 기이한 병이었습니다. 의사는 땀만 나오면 살 수 있다고 하는데 현대 의학으로는 도저히 땀이 나게 할 수 없었습니다. 마지막 순간이 되었습니다. 랍비를 불러 임종 기도를 받으려는 순간 랍비가 말했습니다.

"마지막입니다. 회당 지붕이 너무나 낡았습니다. 마지막으로 회당 지붕을 고치고 하나님께 가시지요."

"얼마나 필요하십니까?"

"20억 원 정도가 필요합니다."

"마지막인데 드리지요."

랍비가 말했습니다.

"그런데 도서실도 필요합니다."

"얼마인데요?"

"10억 원입니다."

"드리지요."

랍비가 또 말했습니다.

"우리 동네에는 맞벌이 부부를 위한 탁아소도 필요합니다."

"얼마인데요?"

"5억 원이 들 것입니다."

"드리지요."

랍비가 또 말했습니다.

"탁아소도 꼭 필요합니다."

"얼마나 듭니까?"

"5억 원이요."

그때 구두쇠 부자가 말했습니다.

"잠깐! 지금까지 말한 것을 모두 보류하시지요. 땀이 나고 있습니다."

_공중 화장실에서

문이 열려 있는 공중 화장실에서 두 남자가 나란히 볼일을 보고 있었습니다. 그런데 두 곳 다 화장지가 없었습니다. 한 남자가 물었습니다.

"그 곳에 화장지가 있나요?"

"없는데요."

"그러면 신문지나 잡지는요?"

"없는데요."

"그러면 만 원짜리를 천 원짜리로 바꿀 거스름돈은 있나요?"

"내가 당신에게 하고 싶은 말입니다."

_혼자만 답할 수 있는 질문

학교에서 돌아온 아들이 아버지에게 말했습니다.

"아버지! 오늘 학교에서 선생님이 나밖에 대답할 수 없는 질문을 하셨어요."

아버지가 기뻐서 물었습니다.

"세상에! 너밖에 답할 수 없는 질문도 있구나. 좋다. 그래 무슨 질문이었지?"

아들이 말했습니다.

"선생님이 교실 유리창을 깬 사람이 누구냐고 물으셨어요."

__아버지를 모르는 선생님

선생님이 학교에서 한 학생에게 물었습니다.

"내가 너희 아버지에게 10만 원을 꾸었다가 5만 원을 돌려주었다면 아버지에게는 얼마가 남아 있지?"

학생이 다시 물었습니다.

"우리 아버지에게 10만 원을 꾸었다가 5만 원을 갚으셨다고요? 그러면 우리 아버지는 10만 원 남았다고 하세요."

선생님이 다시 물었습니다.

"잘 생각해 봐!"

"잘 생각해 봐도 10만 원이에요."

"왜?"

"선생님은 우리 아비지를 몰라서 그래요. 갚았어도 안 갚았다고 우기세요."

__숨은 뜻

한 남자가 죽으면서 친구에게 말했습니다.

"내가 죽으면 전 재산을 아내에게 줄 거야. 단 조건이 하나 있지. 꼭 재혼을 해야 해."

친구가 놀라서 물었습니다.

"무슨 말이야?"

친구가 죽으면서 말했습니다.

"적어도 한 명은 내 심정을 이해할 거야."

__어떤 논리

어떤 사람이 은행에 갔다가 코트를 잃어버렸습니다. 돈을 찾는 사이에 누가 코트를 집어 간 것입니다. 한 사람이 말했습니다.

"은행 수위가 나빠요. 도둑도 못 지키고……."

옆 사람이 말했습니다.

"도둑이 가지고 가는 것을 보고도 말하지 않은 사람이 나쁘죠."

다른 사람이 말했습니다.

"잃어버린 당신이 나빠요. 부주의하였잖아요."

이때 다른 사람이 말했습니다.

"그래요. 다 나쁘고 도둑만 좋은 사람이에요."

__금이 모자라서

성경공부를 하던 중 한 학생이 랍비에게 물었습니다.

"랍비님! 광야에서 우리 조상들은 왜 금송아지를 만들었을까요?"

그때 옆에 있던 학생이 말했습니다.

"금이 모자라서 그랬을 거예요."

__이의 장례식

허름한 여관에서 하룻밤을 묵고 난 손님이 주인에게 불평하며 말했습니다.

"정말 형편없는 여관이군요."

주인이 화가 나서 말했습니다.

"뭐요?"

"죽은 이 한 마리가 이불에 있었어요."

주인은 우습다는 듯 퉁명스럽게 말했습니다.

"그까짓 죽은 이 한 마리가 어떻다는 것입니까?"

주인이 도로 들어가려고 하였습니다. 손님은 큰 소리로 말했습니다.

"끝까지 들어봐요. 물론 죽은 이 한 마리는 문제가 되지 않아요. 그런데 그이가 유명한 놈이었나 봅니다. 다른 살아 있는 이들이 장례식을 치르느라고 모두 모여들었지요. 그 바람에 나는 한잠도 못 잤습니다."

__냄새의 근원지

아랍 사람이 예루살렘 거리에서 좋은 카펫을 팔고 있었습니다. 프랑스 사람이 흥정을 하고 있었습니다. 그가 보기에도 정말 고급스럽고 좋아 보였습니다. 아랍 상인이 말했습니다.

"최고급입니다. 200만 원만 주세요. 꼬박 3개월 걸려서 짰습니다."

프랑스인이 값을 깎으려고 흠을 잡으며 말했습니다.

"냄새가 납니다. 깎아 줘요."

아랍 상인이 말했습니다.

"카펫에서 나는 냄새가 아니에요. 내 몸에서 나는 냄새예요."

__전화기

신부와 랍비가 논쟁을 하고 있었습니다. 로마 신부가 말했습니다.

"우리나라 카타콤에서 2,000년 전에 사용한 듯한 가느다란 선이 발견되었습니다. 2,000년 전부터 전화가 있었다는 증거가 발견된 것이지요. 대단한 나라 아닌가요."

랍비가 말했습니다.

"우리나라에서는 3,000년 전에 사용하던 사해 사본이 발견되었습니다. 그런데 그 곳에는 아무것도 없었습니다. 대단한 나라지요."

신부가 물었습니다.

"무엇이 대단하단 말입니까?"

랍비가 말했습니다.

"우리나라에서는 그때부터 무선 전화기를 사용하였다는 증거이니까요."

__착복

공중전화 박스에서 1억 원을 주운 사람이 돌려주지 않고 착복하였습니다. 그러다 결국 붙잡혔습니다. 경찰이 물었습니다.

"당신은 남의 돈을 주웠으면 돌려주어야지 왜 착복하였습니까?"

그 사람이 말했습니다.

"돈을 줍고 보니 거액이었습니다. 이런 거액을 잃어버린 사람은 틀림없이 부자이죠. 가난한 사람의 돈이라면 벌써 돌려주었겠지요."

__결혼 후 변화

결혼한 친구가 말했습니다.

"나는 결혼 후 아내와의 관계가 많이 변했어."

옆에 있던 친구가 궁금하여 물었습니다.

"어떻게 변했는데?"

"결혼 전에는 주로 내가 이야기하고 아내가 들었지. 결혼 후에는 아내가 말하고 내가 들었어. 3년이 되니까 서로 소리를 지르게 되고 이웃이 듣게 되더군."

_안 맞는 아내

정숙하고 예쁘고 예의 바른 처녀와 결혼한 남자가 있었습니다. 어느 날 랍비를 찾아와서 말했습니다.

"우리 이혼하겠습니다."

랍비가 놀라서 물었습니다.

"그렇게 예쁘고 좋은 여자와 왜 이혼하려고 하죠?"

남자가 좋은 구두를 벗어 들더니 말했습니다.

"이 구두는 좋은 구두이지만 안 맞아서 버리려는 것과 마찬가지입니다."

_오죽했으면

한 남자가 무덤 앞에서 구슬프게 울고 있었습니다. 지나가던 사람이 물었습니다.

"아내 무덤인가요?"

"아니요."

"어머니 무덤인가요?"

"아니요."

"아버지 무덤인가요?"

"아니요."

"아들 무덤인가요?"

"아니요."

"그럼 누구 무덤인가요?"

"내 아내의 전남편 무덤이라오. 오죽했으면 죽었을까요?"

__탐정

사설탐정이 있었습니다. 그는 얼간이였습니다. 어떤 회사에서 그를 고용하였습니다. 그는 밤낮 졸기만 하다 크게 도둑을 맞고 쫓겨나고 말았습니다. 그는 다른 곳에 취직을 하였습니다. 금은방에 취직하게 된 그는 또 도둑이 들 것이라고 생각하였습니다. 그래서 어느 날 밤 가짜 보석을 즐비하게 진열하고 진품은 다 감추었습니다. 그리고 사재를 털어 좋은 카메라를 설치하였습니다. 그런 뒤 안심하고 잠을 잤습니다. 아침에 일어났습니다. 간밤에 도둑이 들었습니다. 잃어버린 것은 꼭 하나였습니다.

"카메라."

__돌팔이 의사

어느 병원에서 팔을 다친 환자와 다리를 다친 환자가 한 병실에 입원하게 되었습니다. 아침에 의사가 회진을 돌고 있었습니다. 팔을 다친 환자는 치료를 받을 때에 너무나 아파 비명을 질러댔습니다. 그런데 다리를 다친 환자는 시종 한 번도 비명을 지르지 않았습니다. 의사가 나간 뒤 팔을 다친 환자가 물었습니다.

"당신은 나보다 상처가 더 심한데 어째서 한 번도 비명을 지르지 않죠?"

다리가 아픈 환자가 말했습니다.

"저런 돌팔이 의사에게 내 아픈 다리를 내밀었겠어요?"

_동갑

40세 남자가 20세 여자와 결혼을 하였습니다. 친구들이 물었습니다.

"20년 어린 여자와 결혼했다는 소문이 사실인가?"

그가 말했습니다.

"동갑이네."

친구들이 이상해서 다시 물었습니다.

"소문에는 20살 차이라던데?"

그가 말했습니다.

"내 나이 40이고 아내의 나이 20이네. 그런데 결혼하고 보니 나는 젊어졌고, 아내는 성숙하여졌다네. 내 나이 10살을 떼어 아내에게 주었지. 그래서 나는 30이 되었고 아내도 30이 되어 우린 동갑이라네."

_아무 일도 하지 마시오

9년 동안 9명의 자녀를 낳은 남자가 너무나 가난하여 랍비를 찾아갔습니다. 그리고 말했습니다.

"랍비님! 결혼하고 9년이 되었습니다. 9명의 자녀를 낳았지요. 어떻게 살아야 할지 난감합니다. 저는 이제 무엇을 해야 할까요?"

랍비가 말했습니다.

"당신은 아무것도 하지 않는 것이 상책이오. 무슨 일을 하기만 하면 아이를 또 낳지요."

__주제가 같아

한 학생이 교무실로 불려갔습니다. 선생님이 매섭게 물었습니다.

"고양이에 대한 논문이 어떻게 네 친구 논문과 똑같지? 베껴 썼나?"

학생이 말했습니다.

"똑같을 것입니다. 친구와 같이 우리 집 고양이를 보고 썼으니까요."

__무책임

환자가 의사에게 진료를 받고 있었습니다. 의사가 말했습니다.

"당신의 건강 상태는 양호합니다. 당뇨가 약간 있지만 신경 쓰지 않아도 될 정도입니다. 내가 당신이라면 전혀 걱정하지 않을 것입니다."

환자가 말했습니다.

"그렇지요. 저도 의사 선생님이 당뇨가 심하다고 해도 전혀 걱정하지 않을 것입니다."

__교회에 나온다고 교인인가?

한 남자가 닭을 기르는데 사업이 번창일로에 있었습니다. 닭고기는 이스라엘 백성들에게 아주 중요한 식품이기 때문입니다. 사업이 잘 되자 그의 행실이 좋지 않은 곳으로 흘러가고 있었습니다. 랍비가 방문하여 충고를 하였습니다. 그 남자가 말했습니다.

"랍비님, 걱정하지 마십시오. 저는 금요일마다 회당에 가고 그리고 날마다 성경을 읽습니다."

랍비가 말했습니다.

"당신이 매일 양계장에 간다고 닭이 되나요? 회당에 간다고 교인이 되는 건 아니지 않소?"

__윤리

아들을 미국의 컬럼비아 대학에 유학 보낸 무식한 아버지가 있었습니다. 여름방학이 되어 아들이 집으로 돌아오자 물었습니다.

"요즈음은 어떤 공부를 하니?"

아들이 말했습니다.

"사회학, 계량 경제학, 형태 인류학, 근대 라틴어, 국방 경제학, 그리고 윤리를 배우고 있어요."

무식한 아버지는 윤리라는 말만 들었습니다. 말을 이어가려고 아버지가 물었습니다.

"윤리, 참 중요한 과목이지. 아들아! 내가 지금 윤리적인 문제에 부딪쳤단다."

"무슨 문제인데요?"

"매일 우리 슈퍼에 오는 아주머니가 있는데, 올 때마다 천 원 상당의 물건을 구입한단다. 매일 천 원을 받는 셈이지. 그런데 오늘 아침 돈을 받고 그분이 돌아간 다음에 보니 만 원짜리인 거야. 조금 전에 너에게 준 돈이 바로 그 돈이지. 내일 아침 돌려주어야 할지 말아야 할지 윤리적인 고민에 빠졌구나."

아들이 말했습니다.

"저는 남의 사생활에 간섭하지 않아요. 이것이 윤리예요."

__짐 자루

한 나그네가 당나귀를 타고 가다가 어느 마을에서 쉬게 되었습니다. 그런데 잠깐 쉬는 사이에 당나귀 등에 있던 짐이 사라지고 말았습니다. 그는 동네 사람들이 들을 수 있도록 큰 소리로 말했습니다.

"내 짐 자루를 찾아 내지 않으면 나는 무엇인가 할 것이요."

동네 사람들은 큰 일이 일어날 것 같아서 겁이 났습니다. 그래서 짐 자루를 찾아 주었습니다. 그리고 물었습니다.

"만일 우리가 찾아 주지 않았으면 어떻게 하려고 했나요?"

그가 말했습니다.

"할 수 없이 집으로 가려고 했지요."

__다행이다

어느 날 밤, 아내가 밖을 보다가 소리를 질렀습니다.

"여보! 도둑이 들어오고 있어요."

남편은 밖을 보고 소리를 질렀습니다.

"활과 화살을 가지고 와요. 밖에 나가 도둑과 싸우기 싫어."

그리고 화살을 당겼습니다.

이튿날 아침 아내가 웃으면서 말했습니다.

"여보! 도둑이 아니었네요. 빨랫줄에 널어놓은 당신 옷이었어요. 당신이 화살로 배꼽을 정통으로 맞추었네요."

남편이 호탕하게 웃으면서 말했습니다.

"큰일 날 뻔했군. 어제 저 옷을 입고 있었으면 나는 죽었다."

__결혼 상담

한 총각이 결혼상담소에 들러서 물었습니다.

"어떤 여자와 결혼해야 행복할까요?"

상담소장이 말했습니다.

"여보시오. 아직 정하지 않았다면 미녀와는 결혼하지 마시오. 질투가 당신을 잡아먹을 거요. 못생긴 여자와 결혼하면 당신은 지루하여 죽을 거요. 돈 많은 여자와 결혼하면 그 여자가 평생 당신을 조정할 겁니다. 가난한 여자와 결혼한다면 그 여자는 당신에게 만족하지 못할 겁니다. 그런 여자들은 빼고 결혼하시오."

__도둑이 된 당나귀

당나귀를 타고 숲속을 거닐던 사람이 비싼 옷이 찢어질까 두려워 옷을 벗어 당나귀 위에 올려놓았습니다. 잠시 소변을 보려고 당나귀와 떨어진 그는 와서 보니 옷이 없어졌습니다. 도둑들이 순간적으로 훔쳐 갔기 때문입니다. 그는 당나귀 안장을 빼앗아 들고 말했습니다.

"내 옷을 안 내 놓으면 네 안장을 안 줄 것이다."

_기도

어떤 사람이 교회에 와서 이렇게 기도하였습니다.

"하나님! 우리 지역 사람들은 하루에 5번씩 이 곳에 와서 기도를 합니다. 그러나 저는 하루에 5번씩이나 하나님을 괴롭히고 싶지 않아요. 간단해요. 빚 갚을 수 있는 돈만 주시면 하루에 5번씩 와서 하나님을 괴롭히지 않겠습니다."

_독수리

독수리들이 높은 산 위에 모여 앉아 제트기가 지나가는 것을 보고 있었습니다. 한 독수리가 말했습니다.

"저 새는 어디로 저렇게 허겁지겁 날아가고 있는 거지!"

다른 독수리가 말했습니다.

"네가 저 새 입장이라도 그럴 거야. 꼬리를 봐. 불이 붙었어. 얼마나 뜨거우면 저렇게 몸부림치겠니?"

_유한한 인생

두 친구가 앉아 있었습니다. 한 친구 옷이 너무나 더러웠습니다. 다른 친구가 물었습니다.

"너는 옷이 그렇게 더러운데 왜 안 빨아 입니?"

"빨아 보아야 또 더러워지니까." "그러면 또 빨아야지."

"또 더러워져."

"또 빨아야지."
가만히 생각하던 친구가 말했습니다.
"인생은 유한한데 빨래만 하다가 보낼 거니? 인생은 빨래하라고 태어난 것이 아니야."

_이기주의

어떤 사람이 차에 마이크를 대고 떠들었습니다.
"제가 여러분에게 진리의 말씀을 전하고 싶습니다. 정말 지혜의 말씀을 전하고 싶어요. 모이세요."
수많은 사람들이 모여서 물었습니다.
"그게 무엇입니까?"
그가 말했습니다.
"여러분! 일하지 않고 부자가 되고 싶지요? 노력 없이 번영하고 싶지요? 어려움 없이 평탄하고 싶지요?"
모두가 그렇다고 대답하였습니다. 그가 말했습니다.
"저도 역시 마찬가지입니다."

_호랑이 사냥

대장이 몇몇 군사에게 호랑이 사냥을 가자고 말했습니다. 사냥에서 돌아온 대장에게 남아 있던 군인들이 물었습니다.
"사냥은 어떠셨습니까?"
"아주 좋은 사냥이었네."

"몇 마리나 잡으셨습니까?"

"한 마리도 못 잡았네."

"몇 마리나 추격하셨는데요?"

"한 마리도 추격하지 못했지."

"몇 마리나 보셨어요?"

"한 마리도 보지 못했네."

"그런데 왜 좋은 사냥이라고 그러시나요?"

"호랑이 사냥에서는 한 마리도 안 보는 것이 좋은 것이야."

__누구 말을 믿는가

옆집에서 와서 말했습니다.

"당나귀 좀 빌려 주게나!"

그는 빌려 주기 싫어서 말했습니다.

"당나귀가 없다네."

그때 당나귀 울음소리가 들렸습니다.

"당나귀 소리가 들리는데?"

그가 말했습니다.

"내 말보다 당나귀 소리를 믿는 당신에게는 당나귀를 빌려 줄 수가 없지."

__차라리 옷에 내 몸을 맞추겠소

기성복을 사고 보니 옷이 너무 컸습니다. 줄여 입으려고 수선 집에 갔습니다. 그리고 물었습니다.

"이 옷 줄이는 데 얼마예요?"

"10만 원입니다."

그 사람이 말했습니다.

"그 돈이면 옷을 줄이기보다 맛있는 걸 사먹고 몸무게를 늘려서 옷에 몸을 맞추겠소."

_수다스러운 혀

친구 둘이 만나서 이야기를 나누고 있었습니다.

"그 여자 말이야. 혀가 너무 길어서 수다스러워!"

이 말을 들은 친구가 말했습니다.

"긴 정도가 아니야. 지난여름 바닷가에서 그 긴 혀를 내밀고 얼마나 수다를 떨던지 햇볕에 그을려서 붕대까지 감았었어."

_일조권

한 친구가 자기 동료에게 불평스럽게 말했습니다.

"우리 옆집이 너무나 크게 지어져서 우리 집에는 햇볕이 안 들어."

친구가 물었습니다.

"정원에는 해가 드니?"

"응."

"그럼 간단해. 집을 정원으로 옮겨!"

_응답받는 교회

대도시에서 사업을 하다가 문제에 부딪친 사람이 큰 교회에 가서 기도하였습니다. 그러나 응답이 없었습니다. 시골 고향으로 돌아가 건물 크기가 작은 교회에 들어가서 기도하였습니다. 응답을 받았습니다. 그는 외쳤습니다. "화려하지만 실속 없는 큰 교회 건물이여! 부끄러운 줄 알아라. 작고 초라한 교회가 문제를 해결하여 주었다."

_두 번은 속지 않는다

가난한 친구가 와서 백만 원을 꾸어 달라고 하였습니다. 일주일 뒤에 갚겠다는 것입니다. 못 갚을 것 같아서 빌려주기 싫었지만, 주는 셈치고 빌려주었습니다. 그러나 일주일 만에 갚았습니다. 그 후 또다시 와서는 돈을 빌려 달라고 말했습니다.

"친구야! 지난번에 약속 지켰지. 돈 좀 더 빌려 줘!"

그때 친구가 말했습니다.

"이번에는 빌려 줄 수 없어."

"왜?"

그 친구가 말했습니다.

"지난번에 너는 나를 속였어. 못 갚을 줄 알았는데 갚았잖아. 반대였지. 이번에는 믿음이 생겼어. 믿으면 그와 반대로 못 믿게 될 것 같아."

__여자들의 싸움

옆집 남자가 와서 호소하였습니다.

"와서 싸움 좀 말려 줘요. 내 마누라와 시누이가 싸우고 있는데 어떻게 말릴 방법이 없어요."

옆집 사람이 물었습니다.

"무엇 때문에 싸우나요? 용모 때문에요? 나이 때문에요?"

"아니요. 다른 것 때문에 싸우는 것 같아요."

그 사람이 말했습니다.

"그러면 그냥 두세요. 그 싸움은 곧 끝날 것이오."

__저승사자를 유혹하라

남편이 죽으면서 아내에게 말했습니다.

"여보! 최고로 예쁘게 화장하고 최고로 좋은 옷을 입고 내 옆으로 와요."

아내는 최고로 예쁘게 화장을 하였습니다. 그리고 최고로 예쁜 옷을 입고 죽어가는 남편 옆으로 갔습니다. 남편이 이를 보고 말했습니다.

"되었어요. 이제 저승사자가 오면 당신이 너무 예뻐서 당신을 데려갈 것 같구려."

__이층 버스

런던에서 이층 버스를 타기 위해 올라갔던 아들이 아래층에 타고 있던 아빠에게 말했습니다.

"아빠! 큰일 났어요. 이층에는 운전기사가 없어요. 차가 막 가요. 사고 나겠어요."

__축구를 알지만

아버지가 어린 아들을 데리고 축구장에 갔습니다. 사람은 많고 아들은 키가 작아서 보이지 않았습니다. 아버지는 아들을 어깨에 올려놓았습니다. 아들은 축구를 보면서 소리를 질렀습니다.

"코너킥! 핸들링!"

그때 아버지가 아들 엉덩이를 때렸습니다.

옆 사람이 물었습니다.

"저렇게 축구를 잘 아는 아들을 왜 때리나요?"

아버지가 말했습니다.

"이놈이 축구는 잘 아는데 화장실에 갈 때는 몰라요."

__코끼리띠

한 사람이 물었습니다.

"당신은 무슨 띠인가요?"

그가 말했습니다.

"코끼리띠입니다."

"코끼리띠가 어디 있어요?"

그가 말했습니다.

"내가 태어났을 때 어머니는 내게 개띠라고 그러셨어요. 지금은 엄청나게 자랐으니 코끼리만 해졌을 거예요."

__모친상

양계장을 하는 사람이 아무리 둘러보아도 어미 암탉을 찾을 수 없었습니다. 그는 슬퍼하면서 병아리 목에 검은 리본을 감아 주었습니다. 이웃 사람이 물었습니다.

"왜 그래요?"

그가 대답하였습니다.

"병아리가 모친상을 당했습니다."

__지구가 기울어질까 봐

두 사람이 밖을 내다보면서 이야기를 나누었습니다.

"왜 사람들이 이쪽에서 저쪽으로, 저쪽에서 이쪽으로 왔다 갔다 할까?"

옆에서 듣고 있던 친구가 말했습니다.

"한쪽으로만 가면 지구가 기울어지잖아. 그러다 뒤집어져."

__가부를 말하기 전에

왕이 한 신하를 불러서 물었습니다.

"자네는 내가 시키는 대로 할 수 있겠는가?"

"예."

"그러면 창문을 열고 저 바다로 뛰어들 수 있는가?"

그 신하는 아무 말도 안 하고 밖으로 나가는 것이었습니다.

왕이 물었습니다.

"어디를 가나?"
"그 물음에 대답하기 전에 나가서 수영을 배우고 오겠습니다."

__그건 문제가 다르다

한 이웃이 옆집 할아버지에게 가서 물었습니다.
"할아버지! 할아버지 소가 우리 집 채소를 다 뜯어 먹었어요. 어떻게 하죠?"
할아버지가 말했습니다.
"짐승은 그럴 수 있는 것이니까 어쩔 수 없지."
그 사람이 말했습니다.
"제가 잘못 말했어요. 할아버지 채소를 우리 소가 다 뜯어 먹었어요."
할아버지가 말했습니다.
"그건 문제가 다르지."

__여기까지만

왕에 세 신하를 데리고 사냥을 가서 언덕 위에 앉았습니다. 그리고 쉬면서 물었습니다.
"자네들은 내가 명령하면 다 들을 수 있겠는가?"
세 명이 함께 대답하였습니다.
"네, 폐하!"
왕이 말했습니다.
"저 언덕 밑으로 뛰어내려 보게."

세 명은 언덕을 향해 뛰어갔습니다. 두 명은 절벽 아래로 떨어져 죽었습니다. 그러나 한 명은 절벽 위에 그대로 서 있었습니다. 왕이 물었습니다.

"자네는 왜 안 뛰어내리나?"

그 신하가 말했습니다.

"저는 여기까지만 왕을 사랑합니다."

__선물

온 집안 식구가 옴에 걸려서 모두가 긁어 대고 있었습니다. 아들이 연고를 사기 위해 약국에 가려고 할 때 아버지가 말했습니다.

"아들아! 우리 식구가 모두 옴에 걸렸다고 말하지 말거라."

"그러면 무엇이라고 말할까요?"

아버지가 말했습니다.

"선물 주려고 한다고 말해라."

__세상이 뒤집어진들

아버지가 한탄하면서 말했습니다.

"온 세상 도덕이 무너지고 있다. 이러다가는 세상이 뒤집어질 것 같구나."

아들이 말했습니다.

"뒤집어져도 좋아요. 어떤 때는 밑에 있는 것이 더 좋아요."

__골초 교수

코담배를 즐기는 골초 교수가 학생들에게 말했습니다.
"담배는 백해무익한 것입니다."
그때 한 학생이 소리를 질렀습니다.
"선생님, 입과 코는 달라요."

__어부

한 어부가 이렇게 기도를 한 뒤 고기를 잡으러 나갔습니다.
"하나님! 제일 먼저 잡히는 고기는 고아원에 주겠습니다."
처음으로 고기를 잡았습니다. 엄청나게 큰 고기였습니다. 어부는 중얼거렸습니다.
"이렇게 비싼 고기를 어떻게 남에게 주나?"
그때 고기가 낚시 바늘을 벗어나 도망가 버렸습니다. 어부가 말했습니다.
"하나님은 유머 감각도 그렇게 없으십니까?"

__최고 지도자

이스라엘 최고 랍비가 애굽을 방문하였습니다. 카이로 거리를 걷고 있을 때 요란한 옷을 입고 화려한 모자를 쓴 사람이 바로 앞에 있었습니다. 옆에 있는 애굽 사람에게 물었습니다.
"저 사람이 애굽의 최고 종교 지도자인가요?"
그 사람이 알려주었습니다.

"아니요. 최고 지도자의 하인이랍니다."
이스라엘 랍비는 하늘을 향하여 말했습니다.
"하나님! 보세요. 애굽의 최고 종교 지도자의 하인을 보십시오. 그리고 하나님의 하인인 저를 보십시오."

__집에 불이 났어요

한 남자가 커피 하우스에서 커피를 즐기고 있었습니다. 그때 이웃집 남자가 다급하게 달려오더니 말했습니다.
"큰일 났어요. 당신 집에 불이 났어요."
그 남자는 조금도 당황하지 않고 침착하게 말했습니다.
"우리 마누라를 찾아서 말해 주시오. 우리는 결정하였습니다. 집 밖의 일은 내가 하고, 집안의 일은 마누라가 하기로 말이지요."

__비밀 창고

한 사람이 물었습니다.
"우리 마을에서 비밀을 지킬 수 있는 사람이 누구인지 아시나요?"
듣던 사람이 말했습니다.
"내가 알고 있는 사실이 하나 있지요. 사람들은 다른 사람의 비밀을 간직할 창고가 아니라는 사실이오. 그러니까 당신의 비밀은 당신 속에 저장해 두는 것이 최상이라오."

__오리 스프

한 사람이 빵을 들고 호수로 나갔습니다. 오리들이 헤엄치고 있었습니다. 한 마리를 잡아먹고 싶었습니다. 풍덩 빠져 들었으나, 오리는 모두 도망치고 말았습니다. 할 수 없이 그는 물에 젖은 빵을 혼자 먹고 있었습니다. 지나가던 친구가 물었습니다.

"너 뭐 먹니?"

그가 대답하였습니다.

"오리 스프."

__어느 쪽이든 상관없다

종교 지도자들이 모여서 토론을 하던 중에 이런 토론이 있었습니다.

"관이 지나갈 때 사람들은 오른쪽으로 가야 할까요? 왼쪽으로 가야 할까요?"

아무것도 아닌 문제를 가지고 대판 말싸움이 벌어졌습니다. 그때 마침 나그네가 지나가고 있었습니다. 그에게 견해를 물었습니다. 그가 대답하였습니다.

"당신이 관 속에 있지 않는 한 어느 쪽이든 상관없지요."

__배가 너무 작다

믿음 좋은 랍비가 배를 탔습니다. 그런데 갑자기 크게 풍랑이 일었습니다. 배가 파선당할 것 같았습니다. 사공이 태연하게 말했습니다.

"하나님을 믿는 분이 왜 그렇게 불안하여 안절부절못하시나요?"

랍비가 말했습니다.

"하나님은 위대하시지만 배가 너무 작소!"

__고향 공기

고향에서 멀리 떨어져 살고 있는 사람이 길을 가다가 같은 고향 번호를 단 자동차가 서 있는 것을 발견했습니다. 그는 달려가서 못으로 타이어에 구멍을 뚫었습니다. 그리고 구멍에서 나오는 공기로 숨을 쉬기 시작하였습니다. 주인이 멀리서 보고 쏜살같이 달려와서 물었습니다.

"뭐하는 겁니까?"

그가 말했습니다.

"고향이 그리워서 고향 공기를 마시고 있어요."

__고인의 이름이 새겨진 돌

갑부인 삼촌이 죽기 전에 조카를 불렀습니다. 그리고 전 재산을 주면서 말했습니다.

"너는 나의 유일한 친척이다. 내 전 재산을 너에게 준다. 비싼 돌을 사서 내 이름을 새기고 무덤 앞에 두어라."

그는 그렇게 하겠다고 하였습니다. 삼촌이 죽자 조카는 수천만 원이나 나가는 커다란 다이아몬드를 샀습니다. 그리고 손가락에 끼고 다녔습니다. 동네 사람들이 그럴 수가 있느냐며 비난하였습니다. 그가 말했습니다.

"삼촌이 비싼 돌을 사라고 해서 비싼 돌인 다이아몬드를 샀지요. 이름을 쓰라고 해서 삼촌 이름을 새겼습니다. 그런데 무덤 앞에 두려니까 경비가 필요해지더군요. 더욱이 저는 일 년에 한 번밖에 못 가 봅니다. 그러나 비싼 돌을 손가락에 끼고 다니면 경비도 필요 없고 매일 삼촌을 생각할 수 있지 않겠어요."

_뇌물

너무나 뇌물을 좋아하는 관리가 있었습니다. 허가받을 것이 있는 사람이 큰 단지에 모래를 채우고 그 위에 꿀을 부어서 꿀단지같이 만들어 바쳤습니다. 그는 말할 것도 없이 허가서를 받았습니다. 며칠 후 관리의 하인이 그 허가받은 사람에게 와서 말했습니다.
"허가서에 잘못이 있어서 회수하랍니다."
그 사람이 말했습니다.
"허가서가 잘못된 것이 아니라 뇌물이 적은 것이지요."

_담배

어떤 사람이 교회 나가면서 목사님에게 물었습니다.
"담배를 피우는 것이 합법인가요? 불법인가요?"
목사님이 말하려는데 그가 먼저 말했습니다.
"합법이라면 저는 담배를 피울 것입니다. 그러나 불법이라면 저는 담배를 피우지 않겠습니다. 대신 담배가 불탈 것입니다."

__알다가도 모를 일

어떤 사람이 남의 야채 밭에 들어갔습니다. 그리고 닥치는 대로 야채를 뽑아 자루에 넣고 있었습니다. 마침 주인이 와서 보고는 기가 막혀 물었습니다.

"왜 야채 밭에 들어와 있지요?"

"강풍에 날려서 이곳에 떨어졌어요."

"그러면 왜 야채를 붙들고 있지요?"

"바람에 야채가 뽑힐까 봐 붙들고 있는 중이에요."

"그런데 왜 자루에 야채가 들어 있지요?"

그가 대답하였습니다.

"그거 참 이상하군요. 저도 당신이 묻기 전에 이상하다고 생각하고 있던 중이에요."

__요리법은 내가 알고 있어

어떤 남자가 시장에서 어린 양의 간을 사 가지고 집으로 돌아가던 길이었습니다. 요리사를 만났습니다. 요리사가 물었습니다.

"어떻게 요리하려고 하나요?"

"삶아 먹으려고요."

요리사는 맛있게 요리하는 법을 알고 있다면서 요리법을 적어 주었습니다. 그렇게 요리해 먹으려고 집으로 들고 오는데 그만 까마귀가 달려들어 간을 채 가지고 날아가 버렸습니다. 그가 외쳤습니다.

"까마귀야! 가지고 가도 소용없어. 요리법은 내가 가지고 있어."

__천국과 지옥이 가득 찰 때까지

생물시간이었습니다. 한 학생이 선생님에게 질문하였습니다.

"사람은 언제까지 태어나고 죽고 할까요?"

선생님이 말했습니다.

"천국과 지옥이 가득 찰 때까지 태어나고 죽고 하겠지. 다 차면 그칠 거야."

__공상만 하여도

어떤 사람이 갑자기 죽이 먹고 싶어졌습니다. '죽'을 생각하고 있는데 노크 소리가 났습니다. 문을 열고 보니 거지가 빈 그릇을 들고 말했습니다.

"죽 좀 주세요."

그가 문을 닫고 들어오면서 말했습니다.

"맙소사. 생각조차 내 것이 아니로구나. 죽을 공상하였는데 저 사람은 냄새를 맡는구나!"

__한 수 높은 사람

도둑놈이 방앗간에 가서 쌓아 놓은 밀을 자기 자루에 담기 시작하였습니다. 드디어 들키고 말았습니다.

"당신 무엇을 하는 거요?"

도둑놈이 말했습니다.

"나는 바보예요. 무엇인가 하고 싶은 것이 있으면 생각이 떠오르는 순간 그대로 해 버리고 말아요."

주인이 말했습니다.

"그렇다면 당신 자루에 있는 것을 내 자루에 도로 넣을 수 있죠?"

도둑놈이 말했습니다.

"나는 천치 바보가 아닙니다. 적당한 바보예요."

__천국과 지옥

주일학교 선생님이 아이들에게 물었습니다.

"천국에 가고 싶은 사람은 모두 일어나세요."

한 사람을 빼고 모두 일어났습니다.

"그러면 지옥에 가고 싶은 사람 일어나세요."

한 명도 일어나지 않았습니다.

이때에도 저때에도 일어나지 않은 아이에게 선생님이 물었습니다.

"그러면 너는 어디에 가고 싶니?"

아이가 말했습니다.

"저는 이곳에서도 아무 문제가 없어요."

__열차 역을 마비시켜라

적장이 10명의 특공대를 파견하면서 말했습니다.

"저 적의 역을 공격하라. 그리고 마비시킨 뒤에 귀대하라."

한참 후 10명의 특공대가 돌아왔습니다.

"보고합니다. 적의 열차 역을 마비시키고 돌아왔습니다."

"수고하였다. 어떻게 마비시켰나?"
그들이 말했습니다.
"열차표 상자를 파괴하였습니다."

_응급조치

물에 빠져 죽어가는 사람을 살리는 연습 시간이었습니다. 선생님은 설명을
한 뒤 학생들에게 물었습니다.
"자, 이제 설명하여 준 것을 요약하여 보아라. 어떻게 살릴 수 있는가?"
한 영리한 학생이 일어나 대답하였습니다.
"우선 물에서 그 사람을 빼냅니다. 그 다음에는 그 사람에게서 물을 빼내
면 됩니다."

_트럭이 작아서

친구 둘이서 돈을 벌기 위해 궁리를 하였습니다. 그들은 작은 트럭을 사서
굴을 잔뜩 실었습니다. 그리고 동네에 가서 원가에 다 팔았습니다. 두 친구
는 계산하며 말했습니다.
"본전이네. 들어간 돈은 모두 회수한 셈이야. 그런데 이익은 없다."
다른 친구가 말했습니다.
"트럭이 좀 작았어. 다음에는 더 큰 트럭으로 장사하자."

__낡은 달 처리법

양치기 소년이 옆에 있는 도사에게 물었습니다.
"저기 초승달은 점점 작아지다가 없어지는데, 이유가 뭐죠?"
도사가 말했습니다.
"초승달은 점점 작아지지. 낡은 달은 실처럼 잘게 만들어서 번개를 만들거나, 잘게 잘라서 별을 만들기 때문이야."

__재주도 좋은 아들

아들이 아버지 서재에 와서 말했습니다.
"아버지, 저기 두꺼운 책 세 권 주세요."
아버지는 아들이 벌써부터 책을 좋아하고, 수준 높은 책을 달라고 하니까 기분이 좋아서 말했습니다.
"갖다 읽어라."
잠시 뒤 부엌에서 불평하는 아내의 소리가 들려왔습니다.
"선반 위에 맛있는 잼이 없어졌네. 아들은 키가 작아서 못 꺼낼 텐데…. 누가 꺼내 먹었지?"

__제 말을 들어요

어떤 사람이 경찰서에서 경범죄로 조사를 받고 있었습니다.
"어디서 살아요?"
"형하고 살아요."

"형은 어디서 살아요?"

"아버지와 살아요."

화가 난 경찰이 소리를 질렀습니다.

"그러면 아버지는 어디서 살아요?"

그 사람이 소리를 질렀습니다.

"말귀도 못 알아들어요? 우리는 함께 산다고요."

_하루는 25시간

선생님이 학생들에게 물었습니다.

"하루는 몇 시간이지요?"

한 학생이 대답하였습니다.

"25시간이요."

"왜 그렇게 생각하나요?"

그 학생이 대답했습니다.

"지난번에 선생님께서 하루해가 점점 길어진다고 말씀하셨잖아요."

_똑같은 병에 걸린 의사

의사가 환자에게 전화를 걸어서 물었습니다.

"제가 처방해 준 약은 잘 먹고 있죠?"

"네."

"어떠세요?"

"잘 낫고 있어요. 그런데 왜 전화로까지 이렇게 문의하시나요? 전에는 처방만으로 끝내지 않았나요?"

의사가 말했습니다.

"사실은 저도 똑같은 병에 걸렸습니다. 그래서 그 처방이 맞나 확인하려고
요."

__자선 사업

자선 사업가가 배를 탔습니다. 수많은 사람들도 같이 여행을 하고 있었습니다. 그런데 갑자기 폭풍이 불기 시작했습니다. 사람들은 두 손을 들고 기도를 시작하였습니다.

"하나님! 저를 폭풍에서 구해 주시면 재산의 반을 가난한 사람에게 주겠습니다."

어떤 사람은 이렇게 기도하였습니다.

"하나님! 저를 구해 주신다면 다음 주일에 천만 원을 헌금하겠습니다."

어떤 사람은 이렇게 기도하였습니다.

"하나님! 저를 건져 주시면 땅을 바치겠습니다."

모두 이런 기도였습니다. 그때 그 자선 사업가가 옆에서 기도하였습니다.

"하나님! 폭풍을 그치지 말아 주십시오. 더 불어 주십시오. 더… 더…
더…."

__어린아이하고는 춤추지 않는다

한 청년이 미모의 여인에게 다가가서 말했습니다.

"춤 한번 추시지 않겠습니까?"

가만히 청년을 보던 여인이 대답하였습니다.

"나는 어린아이와는 춤추지 않아요."

청년이 말했습니다.

"죄송합니다. 저는 당신이 임신한 줄 몰랐습니다."

__의술의 발전

오랫동안 어깨가 아파서 고통스러워하는 환자가 의사를 찾아갔습니다.

"어깨가 아프신가요?"

"네."

"어깨를 따뜻하게 찜질하세요."

환자는 이상하다는 듯이 말했습니다.

"지난번에는 얼음찜질하라고 하셨는데요?"

의사가 말했습니다.

"그동안 의술이 눈부시게 발전한 것을 모르시나요?"

__고양이 목욕

한 여자가 고양이를 목욕시키고 있었습니다. 지나가던 사람이 보고 말했습니다.

"그렇게 목욕시키다가는 고양이가 죽겠어요."

그러나 그 여자는 태연하게 고양이를 목욕시켰고, 그러다 고양이가 죽고 말았습니다. 그 사람이 보고 있다가 말했습니다.

"거봐요. 그렇게 목욕시키다가는 고양이가 죽겠다고 하지 않았어요?"

그 여자가 신경질적으로 말했습니다.

"말하지 마세요. 목욕을 시키다가 죽은 게 아녜요. 목욕을 시키고 털을 쥐어짜다가 목 졸려 죽은 거란 말예요."

__독신 벼룩

배를 타고 가는데 옆의 사람이 말했습니다.

"당신 옷에 이 한 마리가 붙어 있어요."

들여다보던 사람이 말했습니다.

"이가 아니라 벼룩이네요."

"벼룩은 검은색 아닌가요?"

"늙은 벼룩이에요."

"벼룩은 가만히 있지 않고 뛰지 않나요?"

"다리가 부러진 불구 벼룩이에요."

"벼룩은 짝을 지어 다니잖아요?"

"이놈은 독신자 벼룩입니다."

__믿음 좋은 집

한 가정이 이사 갈 집을 찾고 있었습니다. 복덕방 소개로 어느 집을 보러 들어갔습니다. 마루가 걷기만 하면 삐꺽거리며 요란한 소리를 냈습니다. 그래서 물어보았습니다.

"소리가 심하게 나는군요."

집주인이 말했습니다.

"이 마루는 신앙심이 돈독해서 늘 하나님을 찬양한답니다."

__호기심 많은 하나님

딸이 엄마에게 물었습니다.
"엄마! 하나님은 우리가 하는 모든 행동을 보고 계시나요?"
엄마가 말했습니다.
"그럼, 우리가 하는 모든 행동뿐 아니라 우리가 하는 모든 말도 다 들으시지."
딸이 말했습니다.
"하나님은 왜 그리 호기심이 많아!"

__장모가 둘 되지요

다른 도시에 가서 사업을 하는 이가 그곳에서 다른 여자와 살림을 차리게 되었습니다. 그는 속이 편하지 않았습니다. 그러던 어느 날 친구 변호사를 만났습니다. 그는 가만히 물어보았습니다.
"여자 둘을 데리고 사는 남자에게는 어떤 일이 생기나?"
친구 변호사가 말했습니다.
"장모가 둘 생기지."

__두 친구

오랜만에 두 친구가 만났습니다.

"이제 나는 변했어. 옛날에는 20리를 걸어도 건강했는데 이제는 조금만 걸어도 숨이 차."

다른 친구가 말했습니다.

"나는 옛날이나 지금이나 똑같아."

"어떻게?"

"우리 집 안마당에 큰 바위가 있는데 20년 전에도 못 들었거든. 그런데 지금도 못 들어."

__귀찮아 죽을 지경이다

집으로 귀가한 아버지가 아들에게 말했습니다.

"아들아! 나는 나가나 들어가나 귀찮아서 못 살겠다."

"왜요?"

"들어오면 네 엄마가 심부름을 시키지. 직장에 가면 사장이 심부름을 시키지. 성당에 가면 신부가 기도하라고 강요하지….'

__원님 재판

원님이 형틀에 죄수를 묶어 놓고 말했습니다.

"저 놈을 200대 매우 쳐라."

잠시 뒤 다시 소리를 질렀습니다.

"아니 800대, 아니 1,000대!"
조금 있다 더 큰 소리로 외쳤습니다.
"아니 1,500대!"
그때 한 사람이 물었습니다.
"원님은 무엇이나 다 아시나요?"
원님이 대답하였습니다.
"그렇다."
그가 말했습니다.
"원님은 무엇이나 다 아실지 모르지만, 두 가지를 모르고 계십니다. 1,500 대를 모르거나 매를 모르거나 말입니다."

__당나귀를 잃어버리고 감사

어떤 사람이 당나귀를 잃어버리고 나서 그렇게 감사하고 좋아하는 것이었습니다. 이상해서 물어보았습니다.
"당신은 당나귀를 잃어버리고도 무엇이 그렇게 좋습니까?"
그가 말했습니다.
"당나귀를 잃어버릴 때 내가 당나귀를 타고 있었다면 나까지 잃어버렸을 거예요. 그때 당나귀를 타고 있지 않은 것이 얼마나 감사한지요."

__줄어드는 포도주

포도주를 너무나 좋아하는 주인이 있었습니다. 그런데 그 집 하인으로 들어온 종도 포도주를 너무나 좋아했습니다. 주인은 아예 큰 포도주 술통을

몇 통씩 창고에 사 두었습니다. 그런데 포도주 통의 포도주가 자꾸만 줄어
드는 것이었습니다. 주인의 아내가 말했습니다.

"여보! 아무래도 수상해. 저 하인이 포도주 통 밑에 구멍을 뚫어 놓고 포도
주를 빼 마시나 한번 조사해 봐요."

주인이 말했습니다.

"절대 그럴 리가 없어. 포도주가 위에서 없어지지. 밑은 그득하거든."

__당나귀를 싸게 파는 이유

장날이면 당나귀를 아주 싸게 파는 사람이 있었습니다. 늘 보아도 매번 그
렇게 싸게 팔았습니다. 어느 날 당나귀 파는 상인들이 가서 물었습니다.

"우리는 당신이 어떻게 그렇게 당나귀를 싸게 파는지 그 이유를 모르겠어
요. 예를 들어, 나만 해도 그렇소. 나는 하인에게 당나귀에 줄 건초를 옆집
에서 훔쳐다 먹이라고 시켜요. 그리고 하인 월급도 주지 않죠. 그런데도 당
신이 파는 가격으로는 받을 수가 없어요. 어떻게 그렇게 당나귀를 싸게 팔
수 있죠?"

그 사람이 말했습니다.

"그야 당연하지요. 당신은 하인 월급을 훔치지만 나는 당나귀를 훔치거든
요."

__차라리 죽으련다

지독히 돈을 아끼는 구두쇠가 있었습니다. 중병에 걸렸습니다. 그는 의사
와 장의사를 같이 불렀습니다. 먼저 의사에게 물었습니다.

"내 병을 치료하는 데 얼마 듭니까?"

"500만 원이면 치료가 가능합니다."

그는 장의사에게 물었습니다.

"내가 죽으면 장례비용이 얼마 들겠소?"

"200만 원이요."

구두쇠가 옆에 있는 아내에게 말했습니다.

"여보! 내가 결정할게. 나 죽을 거요."

_가난한 엄마는?

어린아이들이 모여서 이 이야기 저 이야기 하다가 한 아이가 물었습니다.

"아이들은 어디에서 나오지?"

한 아이가 말했습니다.

"우리 엄마는 언니를 우리 집 장미 정원에서 주워 왔대."

다른 아이가 말했습니다.

"우리 오빠는 우리가 기르는 백조가 물고 왔다더라."

그 가운데 가난한 집 아이가 말했습니다.

"우리 집은 가난해서 밭도, 백조도 없어. 그래서 우리 엄마는 나를 직접 만들었다고 했어."

_대기자

의사가 병원에 도착하니까 벌써 수많은 환자들이 기다리고 있었습니다. 의사가 말했습니다.

"제일 오래 기다린 분부터 들어오세요."

그때 한 사람이 큰 소리로 말했습니다.

"제가 제일 오래 기다렸습니다. 저는 선생님이 6개월 전에 사신 텔레비전
대금을 받으러 왔어요."

__티켓 두 장

남편이 바람피우는 기미가 보였습니다. 어느 날 밤 남편이 늦게 들어왔습
니다. 아내는 이상한 느낌이 들어서 주머니를 뒤졌습니다. 극장표 두 장이
나왔습니다. 아내가 물었습니다.

"여보! 왜 극장표가 두 장이에요?"

남편이 말했습니다.

"너무 재미있어서 두 번 보았지."

__수학 문제

한 소년이 야채 가게에 가서 주인에게 물었습니다.

"아저씨! 배추 100포기, 무 200개, 당근 150개 사면 얼마예요?"

주인이 말했습니다.

"우리 가게 물량이 그렇게 많지 않아. 그렇게 많이 산다고 해도 너는 못 가
지고 가."

소년이 말했습니다.

"아저씨, 얼마인지 말만 해 주세요. 무게는 상관없어요. 숙제 문제거든요."

__거지의 기도

길 가는 신사에게 거지가 말했습니다.

"신사 양반! 천 원만 주세요. 그러면 당신을 위해 기도해 드리겠습니다."

신사가 말했습니다.

"나는 당신의 기도를 바라지 않아요. 당신의 기도가 응답되는 기도라면 당신은 거지 노릇을 하지 않았을 거요. 당신 기도는 응답되지 않는 기도예요."

__무슨 상관이야

두 친구가 나무 밑에서 쉬고 있었습니다. 그때 칠면조 요리를 든 사람이 지나가고 있었습니다. 한 친구가 말했습니다.

"야! 맛있는 칠면조 요리를 들고 가네."

"그게 나와 무슨 상관이야?"

그런데 그 사람이 그 친구 집으로 들어가고 있었습니다.

"야! 저 칠면조 요리가 네 집으로 들어가는데?"

"그게 너와 무슨 상관이야?"

__유서

재산이 없는 가난뱅이가 죽어가고 있었습니다. 그는 유서를 남겼습니다.

"나는 가진 것이 아무것도 없다. 그러나 내가 죽으면 자녀들이 공평하게 나누어 가져라. 그러고도 남거들랑 가난한 사람들에게도 나누어 주어라."

__소금 친 커피

두 친구가 커피가 마시고 싶어 카페에 들렀습니다. 그런데 두 친구의 돈을 모두 합해 봤자 한 잔 값밖에 되지 않았습니다. 그것도 오직 커피 값뿐이었고, 설탕 값은 따로 내야 했습니다. 두 친구는 한 잔을 사서 반 잔씩 나누어 마시기로 했습니다. 한 친구가 말했습니다.

"내 주머니에 반 잔 섞을 설탕이 있어. 먼저 반 잔을 마셔. 그러고 나면 내 반 잔에 설탕을 넣을래."

다른 친구가 말했습니다.

"미리 넣어라. 나도 조금 달게 마시고 싶어."

"싫어."

그러자 다른 친구가 말했습니다.

"내 주머니엔 소금이 있어. 내가 마실 반 잔에 소금을 넣을 거야."

그리고 소금을 넣었습니다.

__나이

형이 있다는 동생에게 어떤 사람이 물었습니다.

"너는 몇 살이고, 형은 몇 살이니?"

동생이 대답하였습니다.

"우리 어머니가 형하고 저는 한 살 차이라고 하셨어요. 작년에 그러셨는데, 그 뒤로 일 년이 지났으니까 지금은 형과 내가 같아요."

__낡은 관

어떤 사람이 죽으면서 말했습니다.

"나를 낡은 관 속에 넣어 묻어 주세요."

"왜요?"

죽는 이가 말했습니다.

"천사가 지나가면서 낡은 관을 보면, 이미 오래 전에 죽은 것이라고 말하며 심판하지 않고 그냥 지나칠 거 아녜요."

__이발사

한 이발사가 서툴러서 면도를 하는 동안 계속 피가 났습니다. 그는 피가 날 때마다 계속 솜을 붙여 놓았습니다. 한 쪽이 온통 솜투성이였습니다. 조금 후 이발사가 말했습니다.

"한 쪽 면도가 끝났습니다. 얼굴을 돌리세요."

손님이 벌떡 일어나며 말했습니다.

"그만 해요. 한 쪽을 목화밭으로 만들었으니 집에 가서 한 쪽엔 밀을 심겠어요."

__천국의 담뱃불

담배를 좋아하는 사람이 있었습니다. 그가 담배를 피울 때 친구가 물었습니다.

"천국에는 불이 없다는데 어떻게 담배를 피울 테야?"

그가 대답했습니다.

"걱정하지 마. 네가 양고기 구울 때 붙이면 돼."

_다른 남자의 아이

한 여인이 아이를 가졌습니다. 그런데 남편이 아닌 다른 남자의 아이로 밝혀졌습니다. 친구가 물었습니다.

"남편이 뭐라고 그래?"

그가 대답하였습니다.

"걱정하지 마. 우리 남편은 남의 일에는 간섭하지 않아."

_수학

수학을 잘한다는 아이가 있었습니다. 그에게 물었습니다.

"너, 수학 잘하지?"

"응."

"문제 낼게. 금반지 4개를 3명에게 나누어 주려면 어떻게 나누어야 하니?"

그가 대답하였습니다.

"간단해. 두 명에게 두 개씩 주고 한 명에게는 안 주면 돼."

탈무드형
유머

__양말 가게 주인과 소설가

독일에 한 익살스러운 양말 장수가 있었습니다. 저명한 소설가인 토마스만은 그의 가게를 자주 드나들었습니다. 양말 가게 주인은 어느 날 토마스만에게 이렇게 편지를 보냈습니다.

"저희 단골손님들이 모두 흡족해하는 양말입니다. 틀림없이 선생님 마음에도 들 것으로 믿습니다. 이 양말 값으로 11달러를 우송하여 주시면 감사하겠습니다."

며칠 후 답장을 받은 양말 가게 주인은 기절할 뻔했습니다.

"내가 쓴 이 소설은 모든 사람들이 좋아하는 소설입니다. 반드시 당신 마음에도 들 것이라 믿습니다. 책값 20달러 중 양말 값 11달러를 제하고 9달러만 우송하여 주시면 감사하겠습니다."

__휴양지 베스트 10

동남아 : 동네에 남아서 아이들과 어울려 논다.

방콕 : 휴가 내내 방에 콕 박혀서 지낸다.

사이판 : 사이다 마시며 이판사판 고스톱 판 벌린다.

이집트 : 이틀 동안 집에서 막걸리나 먹고 트림한다.

일본 : 일절 외출을 금하고 본드나 실컷 마신다.

중국 : 중식당에 가서 국물 없는 탕수육을 먹는다.

대만 : 대구 운동장에 가서 축구를 보며 만세를 부른다.

싱가포르 : 싱글벙글 웃으며 가족과 폴란드전이나 재감상한다.

이태리 : 이태리와 축구전이나 더 감상한다.

인도 : 걸어 다니며 인도의 노점을 구경한다.

_구걸의 달인

지하철 문이 열리자 불쑥 거지가 들어왔습니다. 한 바퀴 둘러보며 이 사람 저 사람 훑어보더니 대뜸 돈 좀 있어 보이는 한 중년 신사 앞으로 다가가셨습니다. 그리고는 있는 대로 허리를 굽실거리며 큰 소리로 애원하기 시작했습니다.

"삼만 원만 줍쇼!"

갑작스러운 거지의 행동에 신사는 놀라기도 하고 기가 막히기도 하여 물었습니다.

"야, 뭐라고? 돈을 얼마를 달라고? 삼천 원도 아니고 삼만 원?"

그러자 걸인은 뒤통수를 긁적거리며 떠듬떠듬 말하였습니다.

"사실은요, 오늘이 제 딸애 생일이거든요. 그래서 빨리 일을 끝내고 집에 가려고요!"

_당구의 4대 정신

당구공같이 둥근 마음
당구대 바닥같이 푸른 마음
당구 큐대처럼 곧은 마음
초크의 희생정신

_나는 무죄요

독실한 그리스도인 남자가 세 여자와 결혼해 살았습니다. 그는 이 일로 재판을 받게 되었습니다. 그는 재판장에게 물었습니다.
"남자라면 누구나 총명하고 정직하고 아름다운 여자와 결혼할 권리가 있지요?"
재판장은 간단히 대답하였습니다.
"그렇소."
그가 말했습니다.
"그러니까 나는 무죄입니다. 나는 세 번 결혼해서 세 여자와 살아 보았지만, 그런 여자를 찾지 못하였단 말입니다. 나는 남자로서 그런 여자를 찾을 권리가 있어요. 그러니 나는 무죄입니다."

_사닥다리를 빌려 주세요

칼을 가는 숫돌을 빌리러 옆집에 갔습니다. 옆집 주인이 말했습니다.
"숫돌을 빌려 드릴 테니 칼을 가지고 와서 가세요."

할 수 없이 그렇게 하였습니다.

이번에는 나무를 패려고 도끼를 빌리기 위해 갔습니다.

"도끼를 빌려 드릴 테니 나무를 가지고 와서 패가시오."

할 수 없이 그렇게 하였습니다.

그러던 어느 날 옆집에서 지붕을 수리한다며 사닥다리를 빌려 달라고 왔습니다. 복수할 기회라 생각한 그는 말했습니다.

"사닥다리를 빌려 드릴 테니 집을 가지고 와서 사용하십시오."

__옆집 고등어

가난한 집에 귀한 손님이 왔습니다. 옆집에서 고등어 한 마리를 빌려 왔습니다. 그 나라는 주인이 잡수시라는 말을 하지 않으면 반찬을 건드리지 않는 풍습이 있었습니다. 엄마가 아들에게 말했습니다.

"아들아! 이 고등어는 옆집에서 빌려 왔단다. 손님이 건드리지 않으면 너도 건드리지 마라. 도로 갖다 주게 말이다."

그런데 손님은 허락도 없이 고등어를 먹으려고 손을 뻗었습니다. 아들이 부엌에 있는 엄마에게 큰 소리로 외쳤습니다.

"엄마! 이 손님이 빌려 온 고등어를 먹으려고 해요."

__돈이라면 목숨도

돈독이 오른 사람이 있었습니다. 그는 늘 말했습니다.

"나는 돈이 되는 일이라면 죽기라도 할 것입니다."

이 말을 듣고 어떤 사람이 물었습니다.

"그러면 1억 원을 드릴 테니 죽을 수 있겠습니까?"

그가 대답하였습니다.

"가지고 와 보십시오."

그는 정말 1억 원을 가지고 와서 말했습니다.

"자! 받으세요. 그리고 죽어 보세요."

돈을 주었다가 그가 죽으면 도로 받으면 되니까 실험삼아 그리 한 것입니다. 그가 말했습니다.

"좋습니다. 죽겠습니다. 그런데 내 목숨에 1억 원은 너무 많아요. 5,000만 원만 주시고 나를 반만 죽이세요."

그는 5,000만 원은 도로 주고, 나머지 5,000만 원은 쥐고서 주지 않았습니다.

_정신병자 이야기

어느 정신병원에서 정신병자들이 옹기종기 모여 앉아 대화를 나누고 있었습니다. 그때 새로 부임한 정신과 의사가 옆을 지나면서 그들의 이야기 소리를 들었습니다.

"이번에 온 의사는 전에 있던 의사보다 낫던데."

"나도 그렇게 생각해!"

모두가 동의하였습니다. 의사는 기뻐서 물었습니다.

"왜 그렇지요?"

환자들이 말했습니다.

"우리처럼 정신병자 같아서 좋아요."

_상처

어느 마을에 이발소가 새로 생겼습니다. 한 손님이 이발을 하러 들어갔습니다. 이발사가 면도를 하는데 솜씨가 서툴렀습니다. 그는 겁이 나서 물었습니다.

"상처가 나지는 않겠지요?"

이발사가 말했습니다.

"걱정하지 마세요. 만일 상처를 내면 한 번 상처 내는 데 만 원씩 드립니다."

"자신이 있군요?"

이발사가 말했습니다.

"걱정하지 마십시오. 방금 나간 손님도 4만 원 받아 가지고 나갔습니다."

_앙갚음

장난치길 좋아하는 양반에게 옆집 사람이 말했습니다.

"달력 좀 구해 주세요."

그는 새해 달력을 구한 뒤 지난 달력에다 겉장만 새해 달력을 붙여서 주었습니다. 일 년 뒤 옆집 사람은 자신이 속은 것을 알았습니다. 며칠 후 그 양반이 옆집 사람에게 부탁할 일이 생겼습니다.

"시장에 가는 길에 참외 씨 좀 사다 주세요."

옆집 사람은 참외 씨를 사다 볶아서 주었습니다. 그 양반은 정성껏 심었습니다. 그러나 때가 되어도 싹이 나지 않아 일 년 참외 농사를 망치고 말았습니다.

_가장 값싼 동네

"서울에서 가장 값싼 동네가 어디일까?"

"일원동"

"더 싼 동네가 있다."

"삼전동"

"더 싼 동네가 있다."

"노원동."

_갑부가 된 비결

신문기자가 한 갑부에게 어쩜 그리 가난하게 살다 어떻게 그렇게 부자가 되었는지 그 비결을 물었습니다. 갑부는 말하기 시작하였습니다.

"음…그러니까 1932년이었지. 사회적으로 몹시 불황이었어. 나는 100원으로 사과 한 개를 샀지. 그리고 그것을 광을 내고 닦아서 200원에 팔았어. 이것이 내 부의 시작이었네. 두 개를 사서는 다시 그렇게 하였지. 재산을 늘리기 시작한 걸세. 한 달 동안 계속 그렇게 하였더니 100만 원으로 늘더구면."

기자는 흥미롭게 듣기 시작하였습니다.

"그래서요?"

"그러던 어느 날 장인이 돌아가시면서 수백억을 유산으로 남겨 주신 거야."

__어지간

태조 시대에 지(池) 씨 집에서 이상한 아이가 태어났습니다. 어깨에 고기비늘 3개가 덮여 있었습니다. 태조는 신비하게 여겨서 앞으로 잘 되라고 어(漁) 씨 성을 하사하였습니다. 어 씨와 지 씨는 하나가 되었습니다. 그래서 분쟁이 있어도 어지간하면 그만두라는 말이 생긴 것입니다.

__예언

선비가 노새를 타고 길을 가고 있었습니다. 한 장님 점쟁이가 이를 보더니 점을 쳐 주었습니다.

"노새가 방귀를 세 번 뀌면 죽게 될 것이오."

선비는 대수롭지 않게 여겼습니다. 그러나 노새가 방귀를 뀌자 선비는 겁이 났습니다. 그는 방귀를 뀌지 못하게 하려고 노새 항문에 자갈을 넣었습니다. 그런데 노새가 방귀를 뀌면서 자갈이 멀리 날아가 버렸습니다. 선비는 안 되겠다 싶어 더 큰 자갈을 항문 깊숙이 넣었습니다. 그리고 자갈이 빠지지 않나 확인하려고 가끔 항문을 들여다보았습니다. 이번에도 또 확인하려고 항문을 쳐다보고 있는데 노새가 방귀를 뀌면서 그만 큰 자갈이 튀어 나와 맞아 죽고 말았습니다.

__차이 나는 형기

세 죄수가 감옥에서 대화를 나누고 있었습니다.

"나는 은행을 털다 잡혔소. 10년 형을 받았지."

다른 죄수가 말했습니다.

"나는 이웃 여자를 강간했더니 15년형을 받았소."

가만히 듣고 있던 다른 죄수가 말했습니다.

"나는 사람을 죽였는데 3일을 받았소."

두 죄수가 놀라서 물었습니다.

"어떻게요?"

그가 대답하였습니다.

"3일 후 사형이요."

__천사들이 있기에

한 남자가 여자들에게 둘러싸여서 대담을 하고 있었습니다. 여자들이 짓궂은 질문들을 퍼부었습니다.

대답이 궁해진 그는 담배를 피워 물고 연기를 뿜어 대기 시작하였습니다.

여자들이 물었습니다.

"여보세요. 숙녀들 앞에서 그렇게 담배를 피워 대면 어떻게 해요?"

그 남자가 태연하게 말했습니다.

"천사들이 이렇게 많이 있는데 구름이 있어야죠."

__숭어

수많은 관중 앞에서 오케스트라단이
슈베르트의 "숭어"를 연주하였습니다.
박수갈채가 터져 나왔습니다. 그날 밤

어떤 부자가 지휘자에게 숭어 5마리를 보내 왔습니다. 지휘자는 그 부자에게 편지를 썼습니다.

"잘 받았습니다. 숭어 연주를 잘해서 숭어 다섯 마리를 보내 주신 것으로 알겠습니다. 다음에는 하이든의 황소 미뉴에트를 연주할 예정입니다. 착오가 없으시기를 바랍니다."

_파가니니

이탈리아의 파가니니는 바이올린의 대가였습니다. 그러나 인색하기 짝이 없는 노랑이였습니다. 어느 날 아내가 세상을 떠났습니다. 파가니니와 결혼하고 싶어서 애를 태우는 한 여가수가 프러포즈를 전달해 왔습니다. 그 소식을 들은 파가니니는 말했습니다.

"절대로 안 돼. 내 바이올린 연주를 공짜로 들으려는 수작이야."

_나의 가치

어느 대학교수가 강의 도중에 갑자기 10만 원짜리 수표를 꺼내 들더니 물었습니다.

"이것을 가지고 싶은 사람은 손을 들어요."

모두가 손을 들었습니다. 대학교수는 그 수표를 구기더니 다시 들고 똑같이 물었습니다. 역시 모두 손을 들었습니다. 대학교수는 수표를 발로 밟더니 다시 들고 또 똑같이 물었습니다. 역시 모두 손을 들었습니다. 이번에는 침을 뱉고 나서 물었습니다. 그래도 모두가 갖겠다고 손을 들었습니다. 그 때 대학교수가 말했습니다.

"여러분은 아무리 구겨진 수표일지라도 그 가치가 변하지 않는다는 것을 알고 있군요. 여러분 역시 이처럼 구겨지고 더러워진다 해도 여러분의 가치는 그대로라는 걸 잊지 마십시오. 여러분은 귀한 존재들입니다. 힘내세요. 파이팅!"

_황당한 사건(1)

영국 리드에 사는 점원 월러 하라스(Waller Hallas)는 이가 아팠습니다. 그러나 치과 병원에 가는 것이 두려웠습니다. 그는 충치를 빼기 위해 친구에게 주먹으로 쳐 달라고 부탁하였습니다. 친구가 사랑하는 마음으로 충치를 친다는 것이 그만 너무 세게 치는 바람에 넘어지면서 뇌진탕으로 죽고 말았습니다.

_황당한 사건(2)

아일랜드의 한 시골 마을에 사는 조지 슈바르츠(George Schwartz)는 조그만 공장을 운영하고 있었습니다. 어느 날 폭발사고가 일어나서 공장이 모두 날아가 버렸습니다. 그는 다행히도 무너지지 않은 벽 옆에 피해 있다 간신히 살아날 수 있었습니다. 그는 병원에서 치료를 받고 사고 현장으로 와서 서류를 찾았습니다. 그때 마침 벽이 무너지면서 그 벽에 깔려 죽고 말았습니다.

__황당한 사건(3)

1983년 뉴욕의 카르손(Carson) 어머니가 심장마비로 죽었습니다. 어머니를 관 속에 넣고 장례를 치르고 있었습니다. 관을 열고 마지막 얼굴을 보던 중에 갑자기 어머니가 벌떡 일어나며 살아났습니다. 이를 본 딸은 놀라서 심장마비로 죽었습니다.

__황당한 사건(4)

1977년 뉴욕에서 있었던 일입니다. 자동차에 치인 사람이 멀쩡하게 일어났습니다. 이 장면을 본 목격자가 그렇게 하지 말고 차 앞에 다시 누워 있다가 보험금을 타라고 권하였습니다. 그는 차 앞에 다시 누웠습니다. 운전기사는 그런 줄도 모르고 차를 앞으로 몰았고, 그는 죽었습니다.

__황당한 사건(5)

1993년 댈러스에서 있었던 일입니다. 높이가 너무 낮은 터널이나 육교의 위험성을 알리는 광고를 만들기 위해 한 기사가 차 위에서 비디오 촬영을 하고 있었습니다. 신나게 촬영을 하다가 그만 낮은 육교에 목이 걸려 죽고 말았습니다.

__황당한 사건(6)

이탈리아 피사에 살고 있는 로모토 리볼라(Romoto Ribolla)는 오랫동안 실직 상태였습니다. 그는 자신의 처지를 비관하여 죽으려고 머리에 총을 갖다 댔습니다. 아내가 기겁을 하며 말렸습니다. 한 시간을 설득한 끝에 남편은 겨우 총을 내려놓았습니다. 그러나 남편이 울음을 터뜨리면서 총을 내려놓는 순간 방아쇠를 건드렸고, 총알이 나가면서 아내는 죽고 말았습니다.

__황당한 사건(7)

벨기에 안트웨프(Antwerp)에서 좀도둑이 경찰에 쫓기고 있었습니다. 도둑은 3미터가 넘는 담을 초인간적인 능력으로 뛰어 넘었습니다. 그 안은 바로 교도소였습니다.

__베토벤을 죽였다

교수가 물었습니다.
"어떤 여인이 임신 중입니다. 지금 이미 8명의 아이를 기르고 있습니다. 셋은 귀머거리입니다. 둘은 장님입니다. 한 명은 정신지체아입니다. 그 여인은 매독에 걸려 있습니다. 낳아야 할까요? 낙태하여야 할까요?
한 대학생이 말했습니다.
"낙태하여야 합니다."
교수가 말했습니다.
"너는 베토벤을 죽였다."

__직업의식

한 은행원이 은행장실로 들어와서는 흥분해서 보고하였습니다.

"어젯밤에 우리 은행을 턴 범인을 드디어 조금 전에 잡았습니다."

은행장이 좋아서 물었습니다.

"그래! 어떻게 처리했나?"

은행원이 자랑스럽게 말하였습니다.

"우선 급한 대로 우리 은행에 지금부터
하라고 설득하였습니다."

__억만장자 비결

대학 강의실에서 경영학 교수가 경영학을 가르치고 있었습니다. 한 학생이
일어나서 말했습니다.

"교수님! 저는 억만장자가 되는 비결을 알고 있습니다."

"가르쳐 주게."

"저도 교수님에게 수업료를 내고 배우는데, 교수님도 제게 수업료를 내셔
야 합니다."

"그래? 얼마를 낼까?"

"커피 한 잔이면 됩니다."

"수업 마치고 사지."

"그러면 가르쳐 드리겠습니다."

그 학생은 억만장자가 되는 비결을 말했습니다.

"우선 지구상의 남자들을 모두 한 섬에 다 모읍니다. 그리고 지구상의 여

자들을 모두 다른 섬에 모두 모읍니다."

"그리고?"

"교수님은 배를 사서 왔다 갔다 하는 해운업을 하시면 억만 장자가 될 수 있습니다."

__막차다

밤 11시 40분, 술 취한 사람이 전철 안에서 큰 소리로 전화를 하고 있었습니다. 너무 시끄러워서 견딜 수 없을 지경이라 어떤 사람이 소리를 질렀습니다.

"이 전철 전세 냈소? 조그만 소리로 통화해요."

술 취한 사람이 질세라 소리를 질렀습니다.

"넌 뭐야? 웬 참견이야?"

어이가 없어진 그 사람은 다음 전철역에서 술 취한 사람을 끌고 내렸습니다. 그리고 전철이 떠날 때 재빨리 올라탔습니다. 문이 닫혔습니다. 술 취한 사람은 약이 올라서 밖에서 전철 문을 두드렸습니다. 안의 사람이 바깥을 향해 소리를 질렀습니다.

"마지막 전철이다."

__제초작업

논산 훈련소에서 훈련병들이 제초작업을 하고 있었습니다. 고달파진 훈련병이 투덜거렸습니다.

"제초제를 뿌리면 되는데 왜 우리를 고생시킬까?"

옆에서 상관이 듣고 있다 말했습니다.

"너희들이 제초제보다 싸기 때문이다."

__친구 바보 만들기(1)

어떤 사람이 옆의 친구에게 말했습니다.

"코카콜라를 입술 안 대고 발음해 봐."

친구가 말했습니다.

"커카컬라."

그 사람이 말했습니다.

"코카콜라는 입술 안 대고 발음해도 나는 소리야."

__친구 바보 만들기(2)

친구가 물었습니다.

"2등을 추월하면 몇 등이 되게?"

"1등이지."

"바보, 2등을 추월해도 2등이지."

"그러면 꼴등을 추월하면 몇 등이야?"

"꼴등을 면하겠지."

"꼴등을 추월할 사람이 어디 있니."

__친구 바보 만들기(3)

"올챙이는 찬물에 알을 낳을까? 따뜻한 물에 알을 낳을까?"
"음…따뜻한 물에 낳겠지."
"올챙이가 어떻게 알을 낳니?"

__고등어는 아프겠다

아침 식사를 하던 중 아들이 물었습니다.
"아빠! 고등어는 아프겠다."
"왜?"
"몸에 가시가 있어서."

__서푼짜리 남편

남편이 무척이나 아내 속을 썩였습니다. 직업도 없이 밤낮 무위도식하였습니다. 아내는 늘 구박하였습니다. 구박할 때면 늘 하는 말이 있었습니다. 특별히 술에 취해 들어오는 날에는 이렇게 구박하였습니다.
"이 서푼도 안 되는 남편아!"
그러던 어느 날 남편이 교통사고로 죽었습니다. 보험으로 1억 원의 돈이 나왔습니다. 아내는 1억 원을 들고 땅을 치며 울면서 말했습니다.
"밤낮 서푼짜리 남자라고 구박했는데 1억 원짜리였군요. 이럴 줄 알았으면 술이라도 실컷 먹여서 보내는 건데……."

__칭기즈칸의 웅변

집안이 나쁘다고 탓하지 말라. 나는 9살에 아버지를 잃고 집에서 쫓겨났다.
가난하다고 탓하지 말라. 나는 들쥐를 잡아먹으며 살았다.
작은 나라에서 태어났다고 탓하지 말라. 그림자 말고는 친구가 없던 나는
10만 군사를 거느렸다.
배운 것이 없다고 탓하지 말라. 나는 이름도 쓸 줄 몰랐지만 현명해지는 법
을 배웠다.
막막하다고 포기하지 말라. 나는 목에 칼을 쓰고도 탈출하였다.
뺨에 화살을 맞고도 살아났다. 적은 밖에 있지 않고 내 안에 있다.
나는 내게 거추장스러운 것은 깡그리 쓸어 버렸다. 나는 그렇게 나를 극복
하는 순간 칭기즈칸이 되었다.

__2층과 20층의 차이

떨어질 때 보면 압니다.
2층에서 떨어지면 "퍽…으아아악!"
20층에서 떨어지면 "으아아악…퍽!"

__사랑의 공식

똑똑한 남자와 똑똑한 여자가 합하면 로맨스가 됩니다.
똑똑한 남자와 멍청한 여자가 합하면 바람이 됩니다.
멍청한 남자와 똑똑한 여자가 합하면 결혼이 됩니다.

멍청한 남자와 멍청한 여자가 합하면 임신이 됩니다.

__돌팔이 의사

환자가 와서 말했습니다.
"숨을 쉬기만 하면 몹시 통증이 옵니다."
의사가 말했습니다.
"알았습니다. 곧 숨을 멈추게 해 드리지요."

__정자 은행

도둑이 은행이란 간판을 보고 털러 들어갔습니다. 금고 문을 부수고 열었더니 또 금고가 있었습니다. 열었습니다. 또 있었습니다. 그래서 또 열었습니다. 맨 나중에 야쿠르트 병이 나왔습니다. 그는 화가 나서 마셔 버렸습니다. 이튿날 신문을 보고 깜짝 놀랐습니다.
"간밤에 정자 은행이 털리다."

__말하면 죽는 다리

말을 하면서 건너면 죽는 다리가 있었습니다. 할머니 셋이 다리를 건너고 있었습니다. 촛불을 켜고 가다가 촛불이 꺼지고 말았습니다.
한 할머니가 말했습니다.
"누가 불을 껐어?"
다른 할머니가 말했습니다.

"말하면 죽어."
나머지 할머니가 말했습니다.
"나처럼 가만히 있어."

_유방암

자기 몸을 끔찍하게 아끼는 어떤 여자가 별일도 아닌 것으로 병원을 찾았습니다. 그녀는 차례가 되어 진료를 받았습니다. 의사는 간단히 몇 가지를 물어보고는 진료카드에 몇 글자 적어 넣었습니다. 그러고 나더니 맨 위에 조그맣게 "유방암"이라고 쓰는 것이었습니다. 이를 본 여자는 깜짝 놀라 말까지 더듬거리며 의사에게 물었습니다.

"선··생··님, 저…정말로 제…제가…암에 걸렸나요?"

의사가 말했습니다.

"네에? 웬 암은요. 걱정하실 병이 아니니 집에 가셔서 충분한 휴식을 취하세요. 아마 금방 회복되실 것입니다."

그러나 여자는 의사가 자기에게 거짓말을 하고 있다고 생각했습니다. 그래서 진지하게 다시 물었습니다.

"아닙니다, 선생님! 전 괜찮습니다. 그냥 사실대로만 이야기해 주세요. 저는 혼자 살거든요. 제게는 보호자도 없어요. 그러니 저에게 말씀해 주셔도 됩니다. 유방암 몇 기인가요? 전 얼마나 살 수 있죠?"

그러자 의사는 곤혹스러운 표정을 지으며 그 여자에게 말했습니다.

"여보세요. 유방암은 제 이름입니다."

_비유법과 과장법

어느 중학교 국어시간에 여자 선생님이 비유법에 대해 설명하고 있었습니다.

"너희들 비유법에 대해 모두 잘 알지? 예를 든다면, '국어 선생님은 백합화처럼 아름답다!' 라는 표현법이 바로 비유법이란다."

그러자 앞에 있던 병태가 선생님의 말이 끝나기가 무섭게 손을 번쩍 들고는 이렇게 말했습니다.

"에이, 선생님! 그건 과장법인데요!"

_간 큰 개미

아프리카 정글에서 친구 개미 네 마리가 사이좋게 길을 가고 있었습니다. 그때 무심코 지나가던 코끼리에게 안타깝게도 한 마리가 밟혀 죽고 말았습니다. 너무나 갑작스레 일어난 일이었습니다. 남은 개미 친구들은 즉시 정신을 차리고 죽은 친구를 위해 코끼리에게 복수하기로 했습니다.

첫 번째 개미가 코끼리의 목에 달라붙었습니다.

두 번째 개미는 코끼리의 등에 올라탔습니다.

세 번째 개미는 코끼리의 꼬리에 매달렸습니다.

첫 번째 개미가 코끼리의 목에 착 달라붙어서는 다른 친구 개미들을 향해 소리쳤습니다.

"야, 이 새끼! 우리 목 졸라 죽이자!"

그러자 코끼리 등 위에 있던 두 번째 개미가 한 쪽 발을 추켜들고는 이렇게 악을 썼습니다.

"아냐, 이런 건 콕 밟아 죽여야 돼!"

그때 저 멀리서 코끼리의 꼬리를 다부지게 움켜쥐고 있던 세 번째 개미의 목소리가 희미하게 메아리쳐 울려왔습니다.

"야! 그러지 말고 일단 집으로 끌고 가자!"

_응, 그게…

어느 교회에서 목사님이 설교 도중 교인들에게 물었습니다.

"여러분! 자신의 주위에 미워하는 사람이 단 한 명도 없으신 분, 손들어 보세요!"

그러나 누구 하나 손드는 사람이 없자 목사님은 다시 물었습니다.

"아무도 안 계십니까? 괜찮아요! 손들어 보세요."

그때 뒤쪽 구석에 앉아 있던 노인 한 분이 멈칫멈칫 손을 들었습니다. 목사님은 감격에 겨운 목소리로 물었습니다.

"어쩜 저렇게 맘 착한 분이 계실까? 할아버님, 저희가 어떻게 하면 할아버님처럼 그렇게 천사 같은 마음을 가질 수 있는지 이리 나오셔서 그 귀한 말씀 좀 해 주실 수 없겠습니까?"

연세가 많아서 기력이 많이 쇠한 할아버지가 힘들게 말했습니다.

"으응…그게 있었는데 버…얼…써 다 죽었어!"

_우연?

어느 산부인과 대기실에서 네 명의 남자가 초조한 듯 서성이고 있었습니다. 조금 후 아기의 울음소리가 들리고 간호사가 나와서는 첫 번째 남자에게 말했습니다.

"축하합니다. 쌍둥이입니다."

그 남자는 입이 있는 대로 찢어지며 거기 있는 사람들 모두가 들으라는 듯이 말했습니다.

"제가 쌍둥이 빌딩에서 일하거든요!"

잠시 후 다시 아기 울음소리가 들리고 간호사가 나와서 두 번째 남자에게 말했습니다.

"어머, 축하드려요. 세쌍둥이랍니다!"

그 남자도 입이 있는 대로 찢어지며 말했습니다.

"헤헤, 저는 별 세 개가 있는 회사에서 일한답니다."

다시 분만실에서 아기 울음소리가 들리고 간호사가 나와서는 세 번째 남자에게 말했습니다.

"어떻게 이럴 수가! 너무 축하드립니다. 놀라지 마세요! 자그마치 일곱 쌍둥이입니다."

그런데도 남자는 별로 놀라는 기색도 없이 이미 그렇게 많이 나오리라 예견이라도 했다는 듯이 입이 귀까지 찢어지며 소리쳤습니다.

"으하하하, 사실 저는 별이 일곱 개인 사이다를 만드는 회사에서 일하거든요!"

그러자 그때까지 안절부절못하던 마지막 남자가 갑자기 후들후들 떨더니 그대로 땅바닥에 꽈당 쓰러져 버렸습니다. 알고 보니 119구조대에서 일하고 있었습니다.

__장모님 선물

사위가 기력이 쇠한 장모님 생신 선물로 아주 큰맘을 먹고 명당자리 땅을
선물로 사 드렸습니다. 그리고 일 년이 흘렀습니다. 또다시 장모님 생신날
이 되었습니다. 사위는 이번에는 아무런 선물도 준비하지 않았습니다. 이
젠 귀도 잘 안 들리고 치매기까지 생긴 장모는 사위가 선물을 안 사온 것이
서운했는지 한마디 했습니다.

"이…보게, 사위! 왜 올해엔… 아무런 선물이 없나?"

사위가 말했습니다.

"장모니~임, 작~년에요~오. 제가 사드린 선물도 아직 쓰지 않으셨잖아요
~~오!"

__말싸움

어느 날 저녁 평양감사가 이방의 의견을 떠 보려고 대동강으로 데리고 갔
습니다. 강물에는 오리들이 먹이를 잡아먹고 있었습니다.

"저 오리는 십 리를 가든 백 리를 가든 언제나 오리라고만 하니 무슨 이치
인가?"

이방은 잠시 생각하더니 동문서답으로 맞섰습니다.

"할미새는 어제 나도 할미새고 내일 나도 할미새인데, 그 이치와 같은 것
이겠지요?"

감사는 '이런 맹랑한 인간이구나' 생각하며 또 물었습니다.

"그럼 새장구는 다 해져도 밤낮 새장구라고 하니 무슨 이치겠는가?"

"그럼 사또께서는 북은 동에 있으나 서에 있으나 항상 북이라고 하는 이치

를 아시겠습니까?"

"창(矛)으로 창(窓)을 찌르면 그 구멍을 창(矛)구멍이라고 하는가? 창(窓)구멍이라고 하는가?"

이방은 또 지지 않고 감사에게 대적했습니다.

"그러면 눈 오는 날에 눈이 눈에 들어가 눈물을 흘리면 그게 눈물입니까, 눈~물입니까?"

"……"

동녘이 밝아오고 있었습니다.

__도둑 잡는 염라대왕

닭을 길러서 먹고 사는 노파가 어느 날 암탉을 한 마리 도둑맞았습니다. 분명히 동네 놈의 짓이라 생각한 노파는 옆집 사는 호랑이같이 무서우면서도 판관의 기질이 있는 영감에게 알렸습니다.

"영감님, 내 자식 같은 닭입니다. 도둑놈을 꼭 잡아 주시게나."

"알았구면."

영감은 곧 통문을 돌려서 마을 사람들을 모두 모이게 했습니다. 마침내 마을 사람들이 모두 모이자 영감이 호통을 쳤습니다.

"이놈들, 왜 있는 대로 모두 모이지 않는 거야?"

사람들은 서로를 쳐다보며 이상하다는 표정을 지었습니다. 둘러보니 모두 모여 있는데 영감은 아직 다 오지 않았다니, 이상한 일이었습니다.

"영감님, 한 사람도 빠지지 않고 다 모였습니다."

그러나 영감은 고개를 가로저으며 더욱 큰 소리로 호통을 치며 눈을 부릅떴습니다.

"아니야, 아직 한 놈이 안 왔어. 옆집 노파네 닭 훔친 놈이 안 왔잖아."

집이 떠나가라 지르는 호통 소리에 얼마나 놀랐는지 한 놈이 벌벌 떨면서 사람들 틈에서 기어 나왔습니다.

"아니올시다. 영감님, 전 진작 나와 있었습니다."

"잡았다, 네 이놈!"

_계란 장수 맘대로

계란 장수가 있었습니다. 그는 자기 마음에 드는 예쁜 여자가 계란을 사러 오면 같은 값인데도 큰 계란을 주고, 남자가 사러 오면 작은 것을 주는 못된 장수였습니다. 그러나 그 시장에는 그 사람만이 계란을 독점해서 팔았기에 사람들은 울며 겨자 먹기로 계란을 사 가고 있었습니다.

이 동네에 꾀 많은 남자 아이가 있었습니다. 그는 이 계란 장수의 상술을 다 알고 있었습니다. 하루는 이 계란 장수를 골탕 먹이기로 결심하고 궁리를 하다가 손뼉을 쳤습니다. 남자 아이는 어슬렁거리며 그 계란 장수 앞으로 갔습니다.

"아저씨, 검은색 닭이 낳은 알 한 꾸러미만 주세요."

"검은색 닭이 낳은 알을 어찌 구별한단 말이냐?"

소년은 속으로 쾌재를 부르며 혼잣말을 했습니다.

'사실 귓불을 보면 알의 색을 알 수 있지만, 안다고 말할 필요는 없지.'

"아저씨, 제가 구별할 수 있어요."

"그래? 얘야, 너 거짓말하는 건 아니지? 정말 구별할 수 있냐?"

"그럼요. 제가 구별해 낼 테니까 잘 보세요. 그 봉지 좀 이리 주세요."

"그, 그래 알았다. 봉투 여기 있다."

소년은 마음속으로 되었다고 소리쳤습니다. 그리고 그중에서 가장 굵은 알 열 개를 봉투에 담은 뒤 돈을 내고 순식간에 사라졌습니다.

__물고 싶은 애들

거리의 개에게 물린 소년이 병원에 실려 왔습니다. 그런데 진찰을 마친 의사는 이렇게 말했습니다.

"넌 정말 지독히도 운이 없구나. 미친개에게 물려서 앞으로 보름 정도밖에 못 살겠으니 말이다."

그 말을 들은 소년의 안색이 새파래졌습니다. 잠시 후 소년은 어떤 결의에 찬 표정을 짓더니 의사에게 부탁했습니다.

"선생님, 저에게 종이와 펜을 좀 갖다 주세요."

"왜? 유서라도 쓰려고?"

소년이 대답했습니다.

"아니요. 보름 안에 내가 물고 싶은 애들 명단 좀 적어 보려고요."

__새우깡

고래 두 마리가 바다에서 서로 싸우고 있었습니다. 옆에서 그 광경을 지켜보던 새우가 갑자기 끼어들었습니다.

"야, 너희들 딴 데 가서 놀아!"

고래는 어이가 없어 물었습니다.

"야, 넌 덩치도 쪼그만 게 무슨 깡으로 까불어?"

새우가 대답하였습니다.

"새우깡이다!"

__불면증

밤에 잠을 못 이룬다며 병원을 찾아온 환자에게 정신과 의사가 말했습니다.

"잠이 안 온다고 신경안정제 따위를 과용하는 건 몸에 해롭습니다. 그보다는 차라리 마음을 안정시키기 위해 숫자를 세어 보세요."

"예……."

이튿날 다시 병원을 찾은 환자에게 의사가 물었습니다.

"어떻습니까? 조금이라도 잠을 잤나요?"

환자가 길게 하품을 내쉬며 대꾸했습니다.

"아뇨, 선생님이 시키는 대로 43,845까지 세고 나니까 아침 해가 뜨던 걸요."

__꼭 필요한 것은

어느 초등학교의 공개수업 시간이었습니다.

선생님 : "우리가 전에 두 개의 화분 중에서 하나는 볕이 잘 드는 창문 옆에, 다른 하나는 검은 상자 위에 넣어두었죠? 그 뒤에 어떻게 되는지 살펴보았죠?"

아이들 : "예!"

선생님 : "그때 어느 곳에 있는 식물이 더 잘 자랐죠?"

아이들 : "창문 옆에 있는 식물이요."

선생님 : "그래요. 그럼 식물이 성장하는 데 꼭 필요한 게 무엇일까요?"

이때 한 아이가 손을 번쩍 들더니 이렇게 대답하였습니다.

"창문이요!"

_황당한 상황

막 강의실에 들어온 교수가 강의실 뒤에 있는 남자를 지목했습니다.

"자네!"

"저, 저 말입니까?"

"그래, 맨 뒤에 있는 자네 말일세. 마그나 카르타가 제정된 것은 언제인가?"

지목받은 남자가 말했습니다.

"모르겠습니다."

"뭐? 모른다고? 자넨 대체 무엇을 공부했나? 그럼 제3차 십자군 원정은?"

"모릅니다."

교수가 인상을 쓰며 엄숙한 어조로 물었습니다.

"자네 엇저녁에 뭘 했나?"

그가 대답했습니다.

"예, 친구하고 밤늦게까지 술을 마시느라 오늘 새벽 4시쯤 집에 들어갔는데요."

교수가 혀를 찼습니다.

"내 그럴 줄 알았다, 그럴 줄 알았어. 자넨 과제도 물론 안 해 왔겠지?"

"예? 과제요? 전 그런 거 모르는데요."

그 남자가 어리둥절한 표정으로 교수를 향해 소리쳤습니다.

"전 에어컨이 고장 났다고 해서 수리하러 왔을 뿐인데요."

_멍청이

어떤 멍청이가 운 좋게 소방대원을 뽑는 필기시험에 합격하였습니다. 그래서 면접시험을 보러 가게 되었습니다. 면접관이 질문을 던졌습니다.

"소방서에 소방차가 한 대밖에 없는 상황에서 화재가 발생하여 출동한 사이에 또 다른 곳에서 신고가 들어왔네. 이런 상황에서 자넨 어떻게 하겠는가?"

질문을 받은 남자가 한참을 고민한 끝에 입을 열었습니다.

"신고인에게 곧바로 통보하겠습니다."

"어떻게?"

"예, 소방차가 출동할 때까지 불을 끄지 말고 기다려 달라고요."

_난쟁이

두 친구가 장래에 대한 이야기를 나누며 집으로 돌아가고 있었습니다. 한 친구가 먼저 물었습니다.

"넌 앞으로 무슨 일을 할 생각이야?"

"응, 난 서커스단에 입단할까 해."

"아니, 뭘 하려고?"

"난쟁이 노릇 좀 해 보려고."

"그게 될까? 난쟁이는 키가 아주 작아야 하는데 난쟁이치고 넌 너무 크잖아."

그러자 그 친구가 이렇게 대꾸하였습니다.

"바로 그거야."

"응?"

"난 세계에서 가장 큰 난쟁이로 명성을 떨칠 거야."

_휴식이 필요한 이유

레스토랑 카운터 담당 여직원은 참으로 예쁜 여자였습니다. 그 여자가 휴직계를 내며 말했습니다.

"긴 휴식이 필요해요. 제 미모가 한물간 것 같아 걱정이에요."

사장이 물었습니다.

"왜 그렇게 생각하지?"

그러자 그 여직원이 말했습니다.

"남자 손님들이 거스름돈을 챙기기 시작했거든요."

_아름다운 사랑 표현

1. "혹시 당신 아버님이 도둑이세요?"

　　"아니오."

　　"그런데 어떻게 하늘의 별을 훔쳐서 당신 눈 속에 넣으셨죠?"

2. "동전 좀 빌려 주시겠어요?"

　　"뭐하시게요?"

　　"어머니께 전화해서 꿈에도 그리던 여자를 드디어 만났다고 말하게요."

3. "응급처치 할 줄 아세요?"

　　"왜요?"

　　"당신이 제 심장을 멎게 하거든요."

4. "길 좀 알려주시겠어요?"

   "어디요?"

   "당신 마음으로 가는 길이요."

5. "당신이 내 눈 속에 있는 눈물이라면 절대 울지 않을 거예요."

   "왜요?"

   "당신을 잃을까 두려우니까요."

6. "첫눈에 반한다는 것을 믿으세요?"

   "아니면 다시 한 번 걸어올까요?"

7. 그 사람에게 셔츠 상표를 보여 달라고 합니다.

   "왜요?"라고 물을 때 이렇게 대답합니다.

   "천사표인가 보려고요."

8. "피곤하시겠어요."

   "왜요?"

   "하루 종일 제 머릿속에서 돌아다니니까요."

9. "천국에서 인원점검을 해야겠어요."

   "왜요?"

   "천사가 하나 사라졌을 테니까요."

10. "만약 내가 알파벳을 다시 만든다면 당신(U)과 나(I)를 함께 놓겠어요."

_기발한 경고문

중국에서 있었던 일입니다. 중국은 워낙 자전거를 많이 타고 다니기 때문에 보통은 장사를 하는 집 앞의 담벼락에 자전거를 많이 주차하고 출근을 합니다. 그런데 너무 많은 자전거를 갖다 놓아 불편해진 어떤 집의 주인이 자신의 담벼락에 자전거를 주차하지 말라고 온갖 경고문을 다 써 붙였습니다. 부탁하는 글을 붙여 보기도 하고 협박하는 글을 써 보기도 했으나, 아무 소용이 없었습니다.

어느 날 궁리를 하던 중 이 집주인에게 기발한 아이디어가 생각났습니다. 그리고 그날로 모든 자전거가 자취를 감추었습니다. 그 집 담벼락에는 이렇게 써 붙어 있었습니다.

"자전거 공짜로 드립니다. 아무거나 가져가십시오."

__신세대 신병

군대 훈련은 고단하기 짝이 없습니다. 구보가 그중 가장 어려운 훈련입니다. 신병이 뛰다뛰다 지쳐서 걸었습니다. 훈련관이 소리를 질렀습니다. 신병이 말했습니다.

"바쁘시면 먼저 가시겠습니까?"

__마누라의 질투

선거에 출마했던 사람이 개표가 끝나 풀이 죽어서 집으로 돌아왔습니다. 아내가 물었습니다.

"그래, 몇 표나 얻었어요?"

"두 표 얻었소."

그러자 아내는 남편을 마구 때리기 시작했습니다.

"왜 때리는 거요?"

아내가 몹시 화난 얼굴로 말했습니다.

"당신 좋아하는 여자 생겼지?"

__오래가는 선물

여자 친구 둘이서 대화를 나누고 있었습니다.

"우리 자기한테 세상에서 가장 오래가는 선물을 갖고 싶다니까 금반지를 해 주는 것 있지, 호호호."

다른 친구가 말했습니다.

"정말? 나도 갖고 싶은데 한번 해 봐야겠다."

그리고 그 여자 친구는 자기 남자친구에게 전화를 하였습니다.

"세상에서 가장 오래가는 선물을 가지고 당장 튀어 와."

10분 후 남자친구가 도착하였습니다. 예쁘게 포장되어 있는 선물을 내밀었습니다. 반지치고는 좀 커 보였습니다. 그러나 그는 목걸이나 좀 더 고상한 것이라고 생각하고 풀어 보았습니다. 방부제가 들어 있었습니다.

__내일 저녁에 말이야

어느 날 남편이 회사에서 퇴근하였습니다. 그리고 아내에게 약간 미안한 듯이 말했습니다.

"내일 저녁에 말이야. 회사 후배를 두 명 집으로 초대했거든……."

이 말을 들은 아내는 약간 짜증을 내며 말했습니다.

"왜 그런 일을 당신 맘대로 결정하는 거예요? 이렇게 조그만 집에……. 나는 요리도 할 줄 모르고 또 당신에게 억지로 애교 부려야 하는 것도 진절머리가 나는데, 당신 후배들에게 잘 해줄 리가 없잖아요?"

그러자 남편이 시큰둥하게 말했습니다.

"응, 그거야 이미 알고 있지."

남편의 말에 아내는 더욱 화를 내며 말했습니다.

"다 아는데 그럼 왜 초대한 거야?"

그러자 남편이 말했습니다.

"그 녀석들이 결혼하고 싶다고 바보 같은 소리를 자꾸 하잖아. 그래서……."

_할아버지와 할머니의 대화

할아버지와 할머니가 가파른 경사를 오르고 있었습니다. 할머니는 너무 힘이 들었는지 애교 섞인 목소리로 할아버지에게 말했습니다.

"영감, 나 좀 업어 줘!"

할아버지도 힘들었지만 남자 체면에 그럴 수 없어 할머니를 업었습니다. 할머니가 물었습니다.

"무거워?"

할아버지는 담담한 목소리로 대답했습니다.

"그럼 무겁지. 얼굴은 철판이지, 머리는 돌이지, 간은 부었지. 그러니 많이 무겁지."

그렇게 한참을 걷다 지친 할아버지가 말했습니다.

"할멈, 나도 좀 업어 줘."

기가 막힌 할머니는 그래도 할아버지를 업었습니다.

"그래도 생각보다 가볍지?"

그러자 할머니는 입가에 미소까지 띠며 말했습니다.

"그럼 가볍지. 머리는 비었지, 허파에 바람 들었지, 양심은 없지, 너무 가벼워."

__진단 결과

아내가 이상해서 병원으로 아내를 데리고 갔습니다. 진찰 후 의사가 조용히 남편을 불렀습니다.

의사 : "부인은 치매 아니면 에이즈입니다."

남편 : "뭐라고요? 그 둘이 비슷한 병인가요?"

의사 : "초기 증상은 좀 비슷하죠."

남편 : "그러면 어떻게 해야 하나요?"

의사 : "부인을 차에 태우고 가다가 시골길에 떨어뜨리고 집으로 가세요. 부인이 집으로 못 찾아오면 치매이고, 잘 찾아오면 에이즈니까 알아서 하세요."

__에덴동산이 한국에 있었다면

에덴동산이 한국에 있었다면 인류는 원죄를 짓지도, 타락하지도 않았을 것입니다. 왜냐하면 뱀이 이브를 유혹하기 전에 그녀가 먼저 뱀을 잡아 뱀탕을 끓였을 것이기 때문입니다. 또한 이브가 뱀의 유혹에 넘어갔다 하더라도 아담은 타락하지 않았을 것입니다. 한국 남자는 여자 말을 듣지 않기 때문입니다.

_대한민국 명문대 연구

1. 청와대

재학 중에는 사회에서 인정받습니다. 그러나 이곳을 졸업하신 분들은 대부분 좋은 소리는 못 듣고 삽니다. 그러나 누가 무엇이라고 말해도 한국 최고의 명문대학입니다.

2. 군대

국내 유일의 남자들만 다니는 남자 대학입니다. 여기 안 갔다 오면 좋은 소리 못 듣습니다. 남자라면 가야 한다는 곳입니다. 그러나 아쉽게도 여자들에게 군대생은 인기가 없습니다.

3. 해운대

역시 이곳도 국내 유일이라는 장점이 있으니 여름 계절학기만 하는 곳입니다. 각계각층이 모이며 분위기는 화기애애합니다. 단 지방이라는 약점이 존재하지만 여름만 되면 언제나 북새통을 이룹니다. 놀기 좋아한다면 한번 가 볼 만한 명문대입니다.

4. 전봇대

가 봤자 개똥과 쓰레기밖에 없습니다. 특히 술 마시기 좋아하는 사람들도 이 대학을 지원하고 있습니다.

__하나님은 쩨쩨하지 않아요

교회 마당에 밭이 있었습니다. 사찰 집사님이 채소를 심었습니다. 잘 자라고 있었습니다. 그런데 날마다 누가 몰래 와서 채소를 훔쳐갔습니다. 사찰은 화가 나서 팻말을 써 붙여 놓았습니다.

"하나님께서 당신을 보고 계십니다."

다음날 그 경고문 아래 또 다른 경고문이 발견되었습니다.

"하나님은 당신처럼 쩨쩨하게 고자질하거나 죄를 기억하시지 않습니다."

__욕하였으나 쫓겨나지 않았다

어느 교회에 못된 장로가 있었습니다. 교인들 모두가 그를 싫어하였습니다. 모두가 뒤에서 욕을 하였습니다. 그러나 앞에서는 감히 욕하는 이가 없었습니다. 그러나 그 교회 전도사님이 장로님 앞에서 호되게 욕을 하였습니다.

"당신이 장로요? 당신의 인격은 돼먹지 않았소. 정신 좀 차리시오. 그렇지 않으려거든 이 교회를 떠나시오."

그러나 그 전도사는 교회에서 쫓겨나지 않았습니다. 왜 그랬을까요? 그는 장로 앞에서 속으로만 욕하였기 때문입니다.

__호롱빛 복수

추위를 잘 견디는 사람이 있었습니다. 그는 어떤 추위도 잘 견딘다고 늘 자랑을 하며 거드름을 피우자, 친구들이 골탕을 먹이기로 작정하였습니다.

"너 오늘밤 밖에서 어떤 불빛도 쪼이지 않고 밤새도록 있으면 우리가 단단히 한턱낸다. 대신 불빛을 조금이라고 쪼이면 네가 한턱내는 거야. 어떠냐?"

그는 동의하였습니다.

그날 다행스럽게도 그리 춥지 않았습니다. 그는 밤새도록 밖에서 서성이며 견디었습니다. 아침에 친구들이 만나 확인하였습니다.

"너 어떻게 견뎌 냈네."

"그래."

"어떤 불도 쬐지 않았지?"

"그럼, 멀리 외딴집 호롱불빛 외에는 아무것도 없었어."

"그러면 네가 졌다. 어떤 불빛도 쪼이지 않기로 하지 않았니?"

그 친구가 당하고 말았습니다. 그는 그날 저녁 자기 집으로 친구들을 불러 단단히 한턱내기로 하였습니다. 저녁이 되자 모두 모였습니다. 그러나 접시만 있고 밥이 나오지 않았습니다. 두 시간이 지났습니다. 네 시간이 지났습니다. 배에서 쪼르륵 소리가 나기 시작하였습니다. 밤 12시가 넘었습니다. 참다못한 친구들이 물었습니다.

"언제 밥이 나오지?"

친구가 대답하였습니다.

"멀리 외딴집 호롱불로 밥을 하는데 안 끓어."

__토끼 국물

이웃집에서 토끼 사냥을 했다며 토끼 한 마리를 선물로 가지고 왔습니다. 그는 이웃사람을 잘 대접하여 보냈습니다. 이튿날 그 이웃집 두 명이 와서 말했습니다.

"토끼를 가지고 왔던 이웃의 이웃입니다."

그래서 또 잘 대접하여 보냈습니다.

이튿날 네 명이 찾아와서 말했습니다.

"토끼를 가지고 온 이웃의 이웃입니다."

그는 가만히 생각하더니 맹물을 가지고 와서 대접하였습니다. 네 명이 불쾌히 여기며 물었습니다.

"이것이 무엇입니까?"

주인이 대답하였습니다.

"토끼 국물의 국물입니다."

일반
유머

__공처가대회 수상소감

장려상 수상자 : "아내의, 아내에 의한, 아내를 위한 남편이 되겠습니다."
동상 수상자 : "아내가 나를 위해 무엇을 할지 생각하기 전에 내가 아내를 위해 무엇을 할지 먼저 생각한다."
은상 수상자 : "나는 아내를 존경한다. 고로 나는 존재한다."
금상 수상자 : "나는 아내를 위한 역사적 사명을 띠고 이 땅에 태어났다."
특별상 수상자 : "니들이 아내를 알아?"
공로상 수상자 : "나에게 아내가 없다는 것은 저를 두 번 죽이는 거예요."
영예의 대상 수상자 : "내일 지구가 멸망한다 해도 나는 오늘 설거지와 청소와 빨래를 할 것이다."

__미닫이

국어 시간이었습니다. 선생님이 시험 문제를 냈습니다.
"미닫이를 소리 나는 대로 적어라."
잘난 척하기로 소문난 영철이가 제일 먼저 답안지를 써서 내고는 당당하게 걸어 나갔습니다.

"드르륵."

__참새와 오토바이

참새가 날아가다가 오토바이에 부딪쳐 떨어졌습니다. 오토바이 주인이 참새를 치료하여 새장 안에 가두었습니다. 참새가 중얼거리며 말했습니다.

"내가 오토바이를 쳐서 사람을 죽게 했나 보다. 그래서 나를 감옥에 처넣은 게야."

__부부 생활

20대 부부 : 신나서 뛰면서 산다.

30대 부부 : 권태기라 한눈팔면서 산다.

40대 부부 : 헤어질 수 없어서 억지로 산다.

50대 부부 : 주름살이 늘어나면서 불쌍해서 산다.

60대 부부 : 등 긁어 줄 사람이 없어서 필요해서 산다.

70대 부부 : 같이 살아 준 세월이 고마워서 산다.

__고사 성어

남존여비 : 남자가 존재하는 한 여자는 비참하다.

백설공주 : 백만 인이 설설 기는 공포의 주둥아리

박학다식 : 박사와 학사는 밥을 많이 먹는다.

아편전쟁 : 아내와 남편의 부부싸움
원앙부부 : 원한과 앙심이 많은 부부
임전무퇴 : 임신부 앞에서는 침을 퇴 뱉지 않는다.
절세미인 : 절에 세 들어 사는 미친 여자

__화가 난 아내

아내가 이웃집에 다녀오더니 무척 화가 난 표정이었습니다. 이웃집 여자가
생일 선물로 남편에게서 화장품 세트를 받았다고 자랑했기 때문입니다. 그
때문에 아내는 남편에게 마구 신경질을 부렸습니다.
"옆집 아줌마는 남편한테 생일 선물로 화장품 세트를 받았대요. 도대체 당
신은 뭐예요? 지난달 내 생일 때 겨우 통닭 한 마리로 때우고……."
남편이 말했습니다.
"쯧쯧, 그 여자 참 불쌍하네."
"그 여자가 불쌍하다니 그게 무슨 말이에요?"
남편이 태연하게 말했습니다.
"그 아줌마가 당신처럼 예뻐 봐. 화장품이 뭐 필요하겠어?"

__하나님과 인터뷰

어떤 사람이 어느 날 하나님과 인터뷰하는 꿈을 꾸었습니다. 하나님께서
물었습니다.
"그래, 나를 인터뷰하고 싶다고?"
"예. 시간이 허락하신다면."

하나님은 미소 지으며 말하였습니다.

"내 시간은 영원하다."

__축도

목사들은 보통 축도를 이렇게 시작합니다.

"지금은 예수 그리스도의 은혜와 하나님 아버지의 극진하신 사랑하심과……."

그런데 외국에서 온 선교사는 몇 년 동안 축도를 하지 않았습니다. 그 선교사는 축도를 시작하려는데 첫 마디가 생각나지 않아 자기도 모르게 이렇게 시작하였습니다.

"요즘은 우리 주 예수 그리스도의 은혜와……."

__견적이 많이 나와서

얼굴이 못생긴 여자가 남편에게 성형수술을 시켜 달라고 졸라댔습니다. 남편은 아내의 시달림에 견딜 수가 없어 성형수술을 잘 한다는 성형외과를 아내와 같이 찾아갔습니다. 의사가 아내의 수술 견적을 계산하였습니다. 몇 시간이 걸렸습니다. 한참 후 의사는 아내를 잠시 내보냈습니다. 그리고 남편을 불렀습니다. 불안한 남편이 물었습니다.

"저… 견적이 어느 정도 나왔나요?"

의사가 말했습니다.

"이혼하면서 위자료를 주어야 수술할 것 같습니다."

__마음이 썩어서

할머니 한 분이 의사를 찾아와서 말했습니다.

"선생님! 가슴이 답답해요. 엑스레이 사진을 찍으러 왔습니다. 그런데 돈이 없으니 무료로 해 주실 수 없겠습니까?"

의사는 인정이 많은 분이었습니다. 그는 할머니가 불쌍하게 보여서 무료로 엑스레이 사진을 찍어 주기로 하였습니다. 그리고 할머니의 가슴을 찍었습니다. 특별한 병은 없었습니다. 그러나 속주머니에 숨겨둔 돈 뭉치가 찍혔습니다. 의사가 할머니에게 말했습니다.

"할머니, 할머니 가슴에 병이 든 것이 아니라 마음에 병이 들었습니다. 할머니의 마음이 썩어서 시커멓게 보입니다. 속주머니에 들어 있는 돈을 목사님에게 갖다 드리고 치료를 받으세요. 그러면 속이 좋아질 겁니다."

__효과 만점

두 친구가 술을 마시고 있었습니다. 한 친구가 말했습니다.

"너, 요즘 얼굴이 안 좋은데 무슨 고민이라도 있어?"

다른 친구가 말했습니다.

"아내가 너무 바가지를 긁어. 정말 못 견딜 정도야."

"너는 집에도 일찍 들어가고 돈도 잘 벌어다 주는데 무슨 불만이래?"

"나도 모르겠어. 그런데 너도 예전엔 가끔 부부싸움 했잖아? 요즈음은 안 하는 것 같다. 비결이 뭐야?"

"간단해."

"알려줘! 오늘 술값은 내가 낸다."

"그러지. 아내와 같이 병원에 가. 그런데 병원에 가기 전에 의사와 미리 만나 부탁을 해 둬. 아내를 진료하면서 남편을 너무 괴롭히면 일찍 죽는다고 말해 달라고……."

_슈퍼에서

슈퍼에서 강아지 먹이를 사기 위해 계산대로 갔더니 주인이 말했습니다.

"강아지를 보여 주셔야 먹이를 팝니다. 증거가 있어야 해요. 우리 슈퍼 규칙입니다."

그는 할 수 없이 집에 가서 강아지를 데리고 와서 보여 주고 먹이를 구입하였습니다.

이번엔 고양이 먹이를 사려고 하였더니 주인이 말했습니다.

"고양이를 보여 주셔야 먹이를 팝니다. 증거가 있어야 하죠. 우리 슈퍼 규칙입니다."

그는 할 수 없이 고양이를 데리고 와서 보여 주고 먹이를 샀습니다.

며칠 후 그는 상자에 무엇인가를 넣어 가지고 왔습니다. 슈퍼 주인이 물었습니다.

"무엇을 사려고 왔나요?"

"보면 알 것 아닙니까!"

그리고 상자를 내밀었습니다. 주인이 열어 보았습니다. 똥이었습니다.

"화장지 주세요."

__면접시험을 보면서

어느 회사 면접시험에서 생긴 사건입니다. 면접생이 시험관 앞에 섰습니다. 면접관이 물었습니다.

"올해 연봉 초봉을 얼마나 주면 좋겠습니까?"

면접생이 대답하였습니다.

"1억 원에 보너스요."

면접관이 덧붙여 말했습니다.

"거기에 의료보험도, 여름휴가 두 주, 겨울 휴가 3주, 그리고 퇴직 후 봉급의 50%를 매달 지급……."

면접생이 놀라서 물었습니다.

"그게 정말인가요?"

시험관이 말했습니다.

"물론 농담이지요. 당신이 먼저 농담을 걸었으니까."

__주례비

주례자에게 신랑이 물었습니다.

"사례비는 얼마나 드리면 좋을까요?"

주례자가 말했습니다.

"신부가 예쁜 것만큼……."

신랑은 봉투에 1만 원을 넣어 드렸습니다. 주례자는 괘씸하게 생각하며 신부를 만났습니다. 그리고 신랑을 불러 1만 원을 주면서 말했습니다.

"거슬러 주게나!"

_성자

형이 교통사고로 죽었습니다. 동생은 목사님에게 장례를 부탁하면서 다음과 같이 말하였습니다.

"목사님, 우리 형 장례식에서 성자라는 말을 꼭 넣어 주세요."

마을 사람들이 모두 모인 자리에서 목사님은 장례식을 치르면서 말을 하기 시작하였습니다.

"고인은 고약한 사람이었습니다. 여자에 빠져 살았고 술독에 빠져 살았습니다. 가난한 사람의 것을 빼앗아 나쁜 곳에만 썼습니다."

여기까지 말하고 있는데 동생이 목사님을 뚫어지게 쳐다보는 모습이 보였습니다. 목사님은 이렇게 말했습니다.

"그렇지만 동생보다는 성자였지요."

_누구 기도할 줄 아는 사람 있나요?

배가 풍랑에 휩쓸려 가라앉고 있었습니다. 선장이 다급한 목소리로 외쳤습니다.

"누구 기도할 줄 아는 사람 있나요?"

그때 한 사람이 말했습니다.

"제가 기도할 줄 압니다. 저는 기독교인이에요."

선장이 말했습니다.

"잘 되었습니다. 구명조끼가 하나 부족하여 그렇습니다. 당신은 다른 사람들이 구명조끼를 잘 입을 수 있도록 기도해 주십시오."

__배추에 모자 씌우기

어떤 사람이 배추를 사면서 자기
모자를 배추에 씌우는 것이었습니
다. 주인이 물었습니다.
"왜 배추에 모자를 씌우나요?"
그가 말했습니다.
"우리 마누라가 내 머리통만한 배추를 사오라고 해서요."

__대머리

한 대학생이 젊은 나이에도 머리가 벗겨져서 미팅에 나가면 여학생들이 파
트너가 되어 주지 않아 늘 마음이 아팠습니다. 그는 머리를 심기 위해 악착
같이 돈을 모았습니다. 그리고 3년을 죽을 고생을 하여 돈을 모으고 드디
어 성형외과에 가서 머리를 잘 심었습니다.
"이제는 나도 파트너로 써 주겠지."
기분 좋게 집으로 돌아온 그에게 어머니가 편지를 내밀었습니다. 궁금하여
펼쳐 보니 영장이었습니다.

__선 보기와 이름

처녀 총각이 선을 보게 되었습니다. 자기 이름부터 소개했습니다. 총각이
말했습니다.
"제 성은 임 씨이고, 이름은 신중입니다. 잘 봐 주세요."

처녀가 말했습니다.

"제 성은 오 씨이고, 이름은 개월입니다."

__술 끊었지요

어떤 사람이 맥주 집에 들어와서 한꺼번에 세 잔을 시켜 놓고 한 잔 한 잔 마시고 있었습니다. 주인이 말했습니다.

"잘 아시겠지만 맥주는 김이 빠지면 맛이 없습니다. 한 잔씩 시켜 드시지요."

그가 말했습니다.

"저는 삼형제입니다. 한 명은 예루살렘 이 곳에, 한 명은 뉴욕에, 나머지 한 명은 독일에 살고 있지요. 우리는 술을 마실 때에는 세 잔을 시켜 놓고 셋이 같이 마시는 것을 연상하기로 했습니다. 그러면서 형제 우애를 다지고 있지요."

며칠 후 그가 와서 두 잔만 시키는 것이었습니다. 주인이 이유를 물었습니다.

"셋 중에 한 명이 술을 끊었습니다."

주인이 물었습니다.

"누가 끊었나요?"

그가 말했습니다.

"제가요……."

__착륙이요, 격추요?

비행기가 격렬하게 착륙을 하는 바람에 승객들은 모두 사고가 난 줄 알고
충격을 받았습니다. 안내 방송이 나왔습니다.

"충격이 대단하였지요? 조정자 잘못이 아니었습니다. 비행기 결함도 아니
었습니다. 아스팔트 탓이었습니다."

할머니 한 분이 지팡이에 의지하여 내리며 안내원에게 물었습니다.

"뭐 하나 물어봅시다."

"네, 무엇이든지 물어보세요."

할머니가 비틀거리며 물었습니다.

"우리가 지금 착륙한 거요? 격추당한 거요?"

__의족을 한 돼지

어떤 사람이 돼지 농장을 구경하러 갔습니다. 한 쪽 다리를 한 돼지 한
마리가 주인을 따라다니고 있었습니다. 구경 온 사람이 이상해서 물었습
니다.

"저 돼지는 왜 의족을 했나요?"

"저 돼지는 정말 특별한 돼지랍니다. 제가 밭에서 트랙터로 일하고 있을
때였지요. 갑자기 트랙터가 넘어지면서 제가 그 밑에 깔리게 되었어요. 그
때 저 돼지가 오더니 나를 입으로 물어서 끌어냈습니다. 그래서 살아났지
요. 제 생명의 은인입니다."

"정말 놀라운 돼지군요."

주인은 신나게 말했습니다.

"그뿐이 아닙니다. 두 달 전이었습니다. 아내와 안방에서 자고 있을 때였지요. 벽난로가 과열되어 불이 났어요. 우리는 너무 피곤해서 곤히 자고 있었는데, 그때 저 돼지가 와서 창문을 부수고 깨우는 바람에 우리가 깨어나 간신히 살았답니다."

"정말 놀라운 돼지군요. 그런데 왜 의족을 하였나요?"

주인이 말했습니다.

"당신 같으면 저런 특별한 돼지 맛이 어떤지 궁금하지 않으세요?"

__거짓말

쥐 세 마리가 술집에 앉아서 거짓말 대회를 하고 있었습니다. 먼저 쥐 한 마리가 위스키 한 잔을 시킨 뒤 한 모금 마시고는 잔을 내려놓으며 말했습니다.

"나는 쥐덫을 보면 일부러 건드려. 나를 덮치면 이빨로 잘라 버리지. 그리고 나를 잡으려고 놓은 치즈를 맛있게 먹는다네."

두 번째 쥐는 독주를 두 잔 마시고 말했습니다.

"나는 쥐약만 보면 집으로 가지고 오지. 그리고 매일 커피에 조금씩 타서 마신다네. 아주 맛있어."

이야기를 듣고 있던 세 번째 쥐가 말했습니다.

"나는 너희들의 쓸데없는 거짓말을 들을 시간이 없어. 나는 집으로 가서 고양이를 집합시켜 놓고 훈련을 시켜야 해."

__앵무새 선물

세 아들을 둔 어머니가 있었습니다. 어머니는 남편도 없이 세 아들을 훌륭하게 길렀습니다. 모두 부자가 되었습니다. 늙은 어머니의 생신날이었습니다. 세 아들은 어머니께 정성껏 선물을 보냈습니다. 큰아들은 큰 집을 지어드렸습니다. 둘째 아들은 벤츠에 운전기사를 붙여서 어머니가 가고 싶은 곳은 어디든 마음대로 편하게 다니시게 했습니다.

셋째 아들은 정말 신기한 선물을 보내 드렸습니다. 수십 명의 수도사들이 12년 동안 훈련시켜 성경구절을 다 외우게 한 앵무새가 있었습니다. 그는 어머니에게 이 선물을 보내 드리려고 오랜 세월 많은 돈을 들여서 준비했습니다. 그는 일 년에 10억 원 이상을 수도원에 헌금하였습니다. 앵무새는 성경의 '몇 장 몇 절' 하고 말하면 그 성경 구절을 말해 주었습니다. 막내아들은 이 앵무새를 어머니께 선물로 보내드렸습니다.

얼마 후 어머니로부터 세 아들에게 각기 답장이 왔습니다.

큰아들에게 답장이 왔습니다.

"큰아들아! 큰 집을 지어 주어서 고맙다. 그러나 혼자 사는데 집이 너무 커서 청소하느라고 혼이 나고 있다."

둘째 아들에게도 답장이 왔습니다.

"아들아! 좋은 자동차와 기사를 보내 줘서 고맙다. 그러나 어디 갈 일이 없어서 자동차는 그대로 세워 두고 있단다. 게다가 기사가 너무 불친절해서 일을 시킬 수가 없구나."

셋째 아들에게도 편지가 왔습니다.

"아들아! 네가 보내 준 선물이 가장 좋았단다. 잘 잡아먹었다. 맛있게 먹었다. 고맙구나."

148

__당신 때문에

건강관리를 잘하는 부부가 있었습니다. 부부가 100살까지 살다가 천국에 왔습니다.

같이 옷가게를 갔습니다.

"얼마요?"

점원이 말했습니다.

"모두 공짜입니다."

늘 건강관리를 하려고 골프 치던 생각이 났는데 마침 골프장이 보였습니다. 들어가서 물었습니다.

"얼마요?"

"공짜입니다."

음식점에 들어갔습니다. 맛있고 비싼 음식이 가득하였습니다. 또 물었습니다.

"얼마요?"

"모두 공짜입니다."

이때 갑자기 할아버지가 할머니에게 화를 냈습니다. 할머니가 이상하여 물었습니다.

"아니 왜 화를 내요?"

할아버지가 말했습니다.

"당신이 내 건강관리를 잘해 주지 않았으면 이렇게 좋은 천국에 벌써 20년 전에 왔을 거 아니오."

__천국에서 변호사 찾기

젊은 남녀가 내일 결혼식을 앞두고 자동차를 타고 신나게 달렸습니다. 그러다 앞에서 달려오는 덤프트럭에 치여 둘 다 즉사하고 말았습니다. 천국에 간 그들은 결혼을 하고 싶었습니다. 그들은 베드로를 만나 특별히 부탁을 하였습니다.

"베드로 사도님! 우리는 오늘 결혼할 예정이었는데 어제 천국에 왔습니다. 우리는 결혼하고 싶습니다. 결혼식을 하게 해주세요."

베드로가 말했습니다.

"천국에서 결혼식을 하였다는 말을 들어 본 적이 없다. 하나님께 여쭈어 보겠다."

그리고 베드로는 하나님께 여쭈었습니다. 하나님은 곰곰이 생각하더니 말씀하셨습니다.

"5년을 지나 보고 결정하겠다. 그때까지도 사랑이 변치 않으면 결혼식을 올려 주겠다."

5년이 지났습니다. 두 사람은 그때까지도 변함없이 사랑하고 있었습니다. 그들은 하나님 앞에 와서 또 결혼을 요청하였습니다. 하나님은 다시 대답하셨습니다.

"한 번 더 5년을 지나 보고 나서 결정하겠다. 그때까지도 사랑이 변치 않으면 결혼식을 올려 주겠다."

5년 지나서 그들은 다시 찾아왔습니다. 하나님은 말씀하셨습니다.

"알았다. 아들과 딸아, 때가 되었다. 결혼하여라."

성대한 결혼식, 화려한 피로연, 모두가 환상적이었습니다.

그렇게 2년이 지났습니다. 그러나 둘은 마음이 변하여 이혼을 하고 싶어졌습니다. 그래서 하나님께 이혼을 하게 해 달라고 요청하였습니다. 말없이 떠나신 하나님은 10년 후에 나타나셔서 큰 소리로 말씀하셨습니다.

"너희들이 이혼한다고 해서 이혼을 주례할 목사를 찾는 데 10년이나 걸렸다. 그런데 법적으로 기록할 변호사는 아직도 찾지 못했구나. 기다리거라."

_운전사 교황

교황이 혼자 뉴욕 공항에 도착했습니다. "교황"이라고 쓴 팻말을 든 리무진 기사가 마중을 나왔습니다. 그러나 교황은 자기가 운전을 하겠다며 막무가내로 고집을 부렸습니다. 할 수 없이 교황이 운전하고 기사는 뒤에 앉았습니다. 오랜만에 운전을 하는 교황은 신이 났습니다. 100마일 이상을 달리자 교통경찰이 추격해 왔습니다. 드디어 잡히고 말았습니다. 경찰은 "교황"이라고 쓴 팻말과 교황이 운전한 것을 알고 즉각 경찰청장에게 무전을 쳤습니다.

"청장님! 과속 차량을 잡았습니다."

"그러면 딱지를 떼면 되지, 왜 나에게 전화를 하였는가?"

"아무래도 딱지를 뗄 수 없는 거물인 것 같습니다."

"무슨 말인가?"

"교황이 모시고 가는 사람이면 얼마나 거물이겠습니까? 아직 신분이 밝혀지지 않고 있어서 그럽니다."

_갑부

세상이 다 아는 갑부가 천국 문에 도착하였습니다. 천국 문 앞에 있던 베드로가 말했습니다.

"당신은 천국에 들어갈 자격이 없습니다."

"저도 착한 일을 했는데요."

"무슨 일을 하였는가?"

"거지에게 500원을 준 적이 있습니다."

베드로는 가만히 있으라고 하더니 하나님께 가서 여쭈었습니다.

"이런 때에는 어떻게 하면 됩니까?"

하나님이 말씀하셨습니다.

"500원 주어서 지옥으로 보내."

_중동의 평화

어느 처녀가 길을 걷다가 병을 하나 주웠습니다. 병 안에는 요정이 들어 있었습니다. 요정이 말하였습니다.

"병을 깨뜨려서 나를 해방시켜 주세요. 어떤 것이든지 요청을 하나 들어드리겠습니다."

처녀는 병을 깨뜨리고 요정을 해방시켜 주었습니다. 요정이 말했습니다.

"약속을 지키겠습니다. 한 가지 요청을 말하세요."

그 처녀는 중동 지역 지도를 펴 보이며 말했습니다.

"중동은 전쟁 지역이에요. 나라와 나라 사이에 전쟁이 심합니다. 가장 전쟁이 극심한 곳 중 어느 한 곳이라도 평화롭게 살게 해 주세요."

요정이 말했습니다.

"너무 어려워요. 다른 요청을 해주세요."

그 처녀가 말했습니다.

"그러면 남자 한 명만 소개시켜 주세요. 돈도 잘 벌고, 인격도 좋고, 유머도 좋고, 가정적이고, 아내를 행복하게 해주고, 인간관계도 좋고, 여가도 즐기고, 건강하고, 부모도 잘 섬기는 착실한 남자를 소개하여 주세요."

요정이 말했습니다.

"그냥 중동 지역 지도를 펴 주세요."

_나귀 경품

어떤 사람이 시장에서 나귀를 100달러에 샀습니다. 돈을 지불한 그는 내일 배달해 받기로 하였습니다. 그런데 이튿날 전화가 왔습니다.

"어떻게 하면 좋죠? 아침에 나귀가 죽었습니다."

"그러면 100달러를 돌려주세요."

"다 써 버렸는데요."

"그럼 죽은 나귀라도 가지고 오세요."

"왜요?"

"경품으로 팔려고요."

"죽은 나귀를 어떻게 경품으로 판단 말입니까?"

"나에게 맡기세요. 그리고 대신에 나귀가 죽었다는 말은 하지 말아 주세요."

그는 시장에서 "나귀 한 마리 경품권 2달러!"라고 써 붙였습니다.

경품권은 500장이 팔렸습니다. 모두 1,000달러였습니다. 그중 한 사람이 당첨되었습니다. 그는 당첨된 사람을 데리고 가서 죽은 나귀를 주었습니다. 당첨된 사람이 죽은 나귀라며 불평을 하였습니다. 주인은 2달러를 돌려주면서 말했습니다.

"죽은 나귀라 안 가지겠다면 2달러를 돌려 드리지요."

__무덤 속의 남편

어떤 이가 길을 걷는데 한 여인이 상복을 입고 무덤 앞에 앉아 있는 것이 보였습니다. 그녀는 무덤을 향해 부지런히 부채질을 하고 있었습니다. 지나가던 이가 물었습니다.

"무덤 속에 계신 분이 누구입니까?"

"제 남편입니다."

"남편이 화병으로 돌아가셔서 그 화를 식혀 드리려고 부채질을 하나요?"

"아니요. 남편은 술에 취해서 물을 건너다 물에 빠져 죽었어요."

"그래서 남편 몸의 물기를 말리시나요?"

"아니요. 죽은 남편의 시체에 부채질을 하는 것이 아니고 무덤의 흙에 부채질을 하는 거예요."

"아니, 무덤에 왜 부채질을 하나요?"

"남편이 죽기 전 저에게 말하길, 자신의 무덤 흙이 마르기 전에는 절대 다른 남자에게 시집을 가지 말라고
당부했거든요."

__수박장수와 경찰

수박장수가 신호를 무시하고 달리다가 경찰차를 만났습니다. 수박장수는 도망치고 보려고 맹렬하게 달렸습니다. 이리저리 달리다가 더 이상 도망칠 수 없는 막다른 골목까지 왔습니다. 경찰은 정말 찰거머리같이 따라왔습니다. 수박장수는 할 수 없이 차를 세우고 내렸습니다. 경찰도 차에서 내렸습니다. 그리고 경찰이 말했습니다.

"수박 하나 사먹기 더럽게 힘드네."

__과학자와 개구리

한 위대한 과학자가 개구리 한 마리를 탁자 위에 올려놓았습니다. 그리고 손으로 탁자를 내리치면서 외쳤습니다.

"뛰어!"

개구리가 뛰었습니다. 과학자는 앞다리 하나를 제거하고 다시 외쳤습니다.

"뛰어!"

개구리가 다시 뛰었습니다. 과학자는 나머지 앞다리도 떼어 내었습니다. 그리고 외쳤습니다.

"뛰어!"

개구리는 힘겹게 뛰는 것이었습니다. 드디어 과학자는 남은 두 다리마저 떼어 버렸습니다. 그리고 탁자를 내리치면서 외쳤습니다.

"뛰어!"

불쌍한 개구리는 꼼짝도 하지 못하였습니다. 그날 실험결과를 과학자는 다음과 같이 기록하였습니다.

"개구리는 모든 다리를 잘라내면 귀머거리가 된다는 것이 과학적으로 증명되었다!"

__당신이 허락했어

오래 산 부부가 과거를 회상하며 대화를 나누고 있었습니다.
"내가 총각 때는 선을 많이 보았어."
"몇 번이나 보았어요?"
"20번."
"내가 행운아네요. 그중에 나를 선택한 거예요?"
"내 프러포즈를 받아들인 처녀가 당신 하나뿐이었지."

__알렉산더와 유대인

알렉산더 대왕이 이스라엘을 방문한 적이 있습니다. 한 유대인이 대왕에게 물었습니다.
"우리가 가지고 있는 금과 은을 보고 싶으십니까?"
알렉산더가 말했습니다.
"나는 금과 은은 많이 가지고 있어요. 은과 금은 조금도 갖고 싶은 생각이 없습니다. 다만 유대인들의 습관과 그들에게서 올바름이란 무엇인가를 알고 싶소."
대왕이 머무르는 동안에 마침 두 남자가 랍비에게 상담을 하러 왔습니다. 한 사람이 다른 사람에게서 쓰레기더미를 샀습니다. 그런데 쓰레기더미를 산 사람이 그 속에 돈이 들어 있는 것을 발견하였습니다. 그는 쓰레기더미를 판 사람에게 가서 말했습니다.

"나는 쓰레기 폐품을 산 것이지 돈을 사지 않았어요. 그러므로 돈은 당신 것입니다. 받으십시오."

쓰레기를 판 사람이 말했습니다.

"내가 당신에게 판 것은 쓰레기더미 전부입니다. 그러니 그 속에 들어 있는 동전도 당신 것입니다. 나는 그 속에 있는 모든 것을 당신에게 가지라고 한 것입니다."

두 남자는 서로 그 돈이 자기 것이 아니라고 주장하였습니다. 한참 듣고 있던 랍비가 말했습니다.

"당신에게는 딸이 있고, 당신에게는 아들이 있지요? 그러면 두 사람을 결혼시켜 그들에게 그 동전을 넘겨주는 것이 가장 좋을 것이오."

그리고 랍비는 알렉산더 대왕에게 물었습니다.

"폐하! 폐하의 나라에서는 이러한 경우 어떻게 판결하십니까?"

대왕은 아주 간단하게 대답했습니다.

"우리나라에서는 두 사람을 죽이고 돈은 재판장이 갖지요. 보통 재판은 내가 하니까 내가 그렇게 할 때가 종종 있습니다."

_건축헌금

다 무너져 가는 교회가 있었습니다. 건축한 지가 너무 오래된 교회라 교인들과 목사님은 새 성전 건축을 위하여 모여서 기도하기로 하였습니다. 기도

가 거의 끝나갈 무렵이었습니다. 돈이 많은 김 장로가 헐레벌떡 뛰어 들어

왔습니다. 그때 천정에서 커다란 나무토막이 뚝 떨어지더니 부자 장로의 이마를 내리쳤습니다. 장로는 정신을 잃고 쓰러졌습니다. 시간이 흘러 정신이 좀 들자 김 장로가 말했습니다.

"주여! 죽을 뻔하였습니다. 100만 원을 건축헌금으로 내놓겠습니다."

그때 옆에서 열심히 기도하던 이 집사기 말했습니다.

"주여! 저 돈 많은 장로의 이마를 서너 번 더 내리쳐 주옵소서!"

_아프리카까지는

자그만 어린아이가 공원에서 비둘기에게 빵을 던져 주고 있었습니다. 언제나 세계 평화만 생각하는 아저씨가 지나가다가 이 모습을 보았습니다. 그는 아이에게 말했습니다.

"얘야! 지금 아프리카 같은 나라에서는 굶어 죽는 사람이 한두 명이 아니란다. 그런 빵을 아프리카로 보내지는 못할망정 비둘기에게 주어서야 되겠니?"

이 말을 듣고 어린아이가 말했습니다.

"아저씨! 저는 그렇게 먼 아프리카까지는 빵을 못 던져요."

_목사에게 간이식

큰 교회 목사님이 간이 나빠져서 생명이 위독한 상황에 처하였습니다. 간이식을 받지 못하면 당장 죽을 처지에 놓였습니다. 이 소식을 들은 많은 교인들이 목사님에게 간을 이식해 드리겠다고 서로 난리였습니다. 그런 교인이 무려 100여 명이나 되었습니다. 수석장로는 고민에 빠졌습니다. 그래서 그 100여 명을 모아 놓고 이렇게 말했습니다.

"우리 모두가 다 간을 이식할 수는 없습니다. 한 명이면 족합니다. 여러분은 모두 일층에 앉으십시오. 그러면 제가 2층에서 닭털을 한 개 날리겠습니다. 그 닭털이 머리에 앉는 사람이 목사님께 간을 이식해 드리기로 하겠습니다. 어떻습니까?"

모두가 그렇게 하자고 동의하였습니다.

수석장로는 2층으로 올라가 아래층으로 닭털을 날렸습니다. 닭털이 밑으로 떨어지기 시작하였습니다. 여기저기에서 이런 소리가 들렸습니다.

"오! 주여! 후~ 후~"

__도랑이 깊니?

차를 타고 가던 남자가 냇가를 건너게 되었습니다. 그런데 물의 깊이를 몰라 망설이다가 물가에서 놀고 있는 아이에게 물었습니다.

"얘야! 저 도랑이 깊니?"

아이가 대답하였습니다.

"아뇨. 아주 얕아요."

그 남자는 아이의 말을 믿고 그대로 차를 몰았습니다. 그러나 차는 물에 들어가자마자 깊이 빠져 버리고 말았습니다. 겨우 자기만 물에서 나온 남자는 아이에게 화를 내며 말했습니다.

"이놈아! 깊지 않다더니 내 차가 통째로 가라앉았잖아! 어른을 놀려?"

그러자 그 아이는 고개를 갸우뚱하며 말했습니다.

"어? 이상하다. 아까는 오리 가슴밖에 안 찼는데……."

_코 수술

한 남자가 고민이 있었습니다. 방귀를 뀌면 이상하게도 소리만 크게 날 뿐 전혀 냄새가 나지 않는 것이었습니다. 그는 이상하게 생각되어 병원을 찾아갔습니다.

"선생님! 전 방귀를 뀌면 소리만 크고 냄새가 전혀 나지 않아요. 무슨 병이라도 있는 걸까요?"

의사 선생님이 말했습니다.

"그럼 방귀가 나올 때까지 기다려 보죠."

시간이 좀 흘렀습니다. 기다리던 방귀가 터져 나왔습니다. 너무 냄새가 고약하여 의사는 코를 막았습니다. 그리고 말했습니다.

"급히 코 수술부터 해야겠네요."

_보기 드문 현상

초등학교 4학년 3반 선생님이 아이들에게 자연 문제를 내고 있었습니다.

"갑자기 비둘기 수십 마리가 떼를 지어 날아가다가 수직으로 땅에 떨어져 죽었습니다. 이것을 무슨 현상이라고 하죠?"

아이들은 손을 들어 저마다 자신의 의견을 발표했습니다.

"만유인력 집결 현상입니다."

"자유낙하 현상입니다."

선생님이 말했습니다.

"모두 틀렸습니다. 정답은 극히 보기 드문 현상입니다."

__진찰을 마친 아내

진찰을 마치고 난 의사가 여자 환자에게 주의사항을 일러주었습니다.

"자, 제가 하는 얘기를 잊으시면 안 됩니다. 규칙적으로 목욕을 하셔야 하고, 맑은 공기를 많이 마셔야 하고, 옷은 따뜻하게 입으셔야 합니다."

그날 저녁 남편이 아내에게 진찰 결과를 물었습니다. 아내가 대답하였습니다.

"의사가 그러는데요. 정말 조심해야 한대요. 지중해에 가서 수영을 해야 하고, 알프스에 가서 휴양도 해야 하고, 즉시 겨울 코트 한 벌을 사 입어야 한대요."

__돈 안 내고 타는 자리

지하철 경로석에 아가씨가 앉아 있었습니다. 할아버지가 타는 것을 보고 그 아가씨는 눈을 감고 자는 척하였습니다. 깐깐하게 생긴 할아버지는 아가씨의 어깨를 흔들면서 말했습니다.

"아가씨, 여기는 노약자와 장애인 지정석인 거 몰라?"

아가씨가 지지 않겠다는 듯이 대들었습니다.

"저도 돈 내고 탔는데 왜 그러세요?"

아가씨가 신경질적으로 말하자 할아버지가 되받아 말했습니다.

"여긴 돈 안 내고 타는 사람이 앉는 자리야."

_맹장수술

한 환자가 병원에서 맹장수술을 받기 직전에 도망을 쳤습니다. 그가 아파서 견디지 못하자 가족이 다시 끌고 병원으로 왔습니다. 원무과에서 수술 수속을 하던 직원이 물었습니다.

"아니 아저씨, 수술하기 직전에 도망을 치시면 어떻게 해요?"

환자가 말했습니다.

"당신도 그런 말을 들어 봐요. 도망을 안 칠 수가 있나."

"무슨 말을 들었는데 그래요?"

"글쎄, 간호사가 이러잖아. 맹장 수술은 간단한 것이니까 너무 염려하지 말아요."

"그런 말이야 당연한 것 아니에요?"

환자가 말했습니다.

"수술하려는 의사가 인턴이었어요. 그 말은 나에게 한 게 아니라 그 의사한테 한 말이라고요."

_시간 여유

고3 학생이 수능 시험일을 얼마 남기지 않고 초조했습니다. 그는 시간이 부족함을 느꼈습니다. 그래서 하나님께 간절히 기도하였습니다.

"하나님, 제발 한 달만 시간을 좀 주십시오. 아니면 보름이라도 좋습니다."

그때 하늘에서 하나님의 음성이 들려왔습니다.

"너는 그동안 아주 착하게 살아왔구나. 내가 너를 불쌍히 여기고 있다. 그리고 기도가 아주 간절하구나. 특별히 1년 시간을 더 주마."

_촌수

부모와 자식 간의 촌수는 1촌입니다. 그러나 아들이 고등학생이 되면 4촌이 되고, 아들이 대학생이 되면 8촌이 되며, 아들이 장가를 가면 사돈이 됩니다. 아들이 공부를 잘하고 일을 잘하면 나라의 아들이 되고, 아들이 돈을 잘 벌면 장모의 아들이 되며, 아들이 백수가 되면 평생 끼고 살아야 하는 내 아들이 됩니다.

_출산 휴가

한 여자가 직장에 다니다가 쌍둥이를 낳았습니다. 옆 동료에게 말했습니다.
"나 출산 휴가다."
"쌍둥이라고 이야기 드렸어?"
"아니."
"왜?"
"다음에 한 번 더 출산 휴가를 받으려고."

_새벽형 인간

늦잠 자기를 좋아하는 아들이 저녁에 아버지에게 말했습니다.
"아버지, 저 내일부터 새벽형 인간이 되어 부지런히 살겠습니다."
아버지가 좋아서 대답하였습니다.

"잘 했다."
아들은 이튿날 또 늦잠을 자고 일어나 밥을 푸고 있었습니다. 아버지는 밥 주걱을 빼앗아 머리를 치면서 말했습니다.
"먼저 인간이 돼라."

_아버지 이름

아버지 이름이 '진가진' 인 아이가 있었습니다.
선생님이 물었습니다.
"네 아버지 성함이 어떻게 되니?"
"진가진이에요."
"이놈아! 아버지 이름을 부를 때에는 그렇게 부르는 것이 아니야. 홍길동 이면 홍 자, 길 자, 동 자 이렇게 부르는 거야."
"알았어요. 우리 아버지는 진짜, 가짜, 진짜예요."

_경찰과 계란장수

옛날 옛적 교통경찰 이야기입니다. 김 순경과 이 순경은 오늘 할당량을 이 미 채웠습니다. 그러나 부수입을 올려 술 한 잔을 하기 위해 교통위반하기 쉬운 곳에 숨어 지키고 있었습니다. 마침 계란장수가 좌회전이 안 되는 곳 에서 트럭을 돌리는 것이었습니다. 왕거미가 거미줄을 친 줄도 모르고 나 방이 걸려든 것입니다.
"신호위반입니다. 면허증 좀 주세요!"
계란장수는 투덜거렸습니다.

"제기랄, 계란 몇 판 팔아서 족제비 꼬랑지 떼 주게 생겼네!"

그는 연신 투덜거리며 만 원짜리 한 장을 꼬깃꼬깃 접어 면허증과 함께 김 순경에게 주었습니다. 김 순경은 만원을 집어넣으며 면허증을 주었습니다.

"앞으로는 조심하세요."

계란장수가 말했습니다.

"순경님! 오늘 이만 원 팔았어요. 이익이 만 원이에요. 반 나누어야 해요. 오천 원 거슬러 주세요."

김 순경은 말했습니다.

"나하고 농담하자는 거요?"

그리고 대꾸도 하지 않고 떠났습니다. 두 순경은 술집에 들어가서 술 한 잔을 하고 나왔습니다. 뒤에서 이상한 소리가 들렸습니다.

"앞에 가는 백차는 들어라! 앞에 가는 백차는 들어라! 여기는 계란장수! 여기는 계란장수! 앞에 가는 백차는 내 돈 오천 원 돌려다오. 돌려다오."

조금 전의 그 계란장수였습니다. 계란 트럭에 설치된 스피커에서 고막이 찢어질 듯 울려 퍼지고 있었습니다. 길가는 모든 사람이 쳐다보고 있었습니다. 두 순경은 말했습니다.

"정말 웃기는 놈이다. 저러다 말겠지?"

그러나 예상은 빗나갔습니다. 이제는 쌍 라이트까지 번쩍거리며 따라오고 있었습니다.

"앞에 가는 백차! 앞에 가는 백차! 내 돈 오천 원 돌려다오. 내 돈 오천 원 돌려다오."

계란장수는 계속 쫓아오고 있었습니다. 두 순경의 웃음은 사라졌습니다. 오는 사람 가는 사람 모두 백차를 흘깃흘깃 쳐다보기 시작하였습니다. 계란장수 트럭과 순찰차가 벌이는 한낮의 대추격전이었습니다. 두 순경은 언덕을 지나 사람들이 뜸한 길에서 차를 세웠습니다.

"정말 끈질긴 놈이네!"

그리고 꼬깃꼬깃 접힌 만 원권을 휙 집어 던져 주었습니다. 그러고는 기분 나빠서 달렸습니다. 조금 후 또 고막이 찢어지는 듯한 소리가 다시 뒤에서 들렸습니다.

"앞에 가는 백차! 앞에 가는 백차! 오천 원 받아 가라! 거스름돈 오천 원 받아 가라!"

두 순경은 이제 완전히 울상이 되었습니다. 할 수 없이 두 순경이 차를 멈추었습니다. 그리고 계란장수에게 갔습니다. 계란장수가 만 원을 도로 주면서 말했습니다.

"보소. 경찰이 무슨 죄가 있나? 잘못은 내가 했지! 그래도 줄 건 주고, 받을 건 받아야지. 안 그렇소?"

결국 두 순경은 만 원을 받고 오천 원을 거슬러 주었습니다. 그리고 또 무슨 일이 일어날 것 같아서 계란 트럭을 먼저 보냈습니다. 그리고 두 순경이 말했습니다.

"계란장수가 이렇게 무서운 줄은 오늘 처음 알았다!"

_신동

신동이 태어났습니다. 하나를 가르쳐 주면 100을 아는 그는 머리가 천재였습니다. 모두가 그에게 기대를 걸었습니다. 드디어 학교에 들어갔습니다. 첫 시험을 치르고 결과를 기다렸습니다. 모두 빵점이었습니다. 이상하여 알아보았습니다. 시험지에는 모두 이렇게 적혀 있었습니다.

"다 안다."

__도둑과 경찰

도둑놈이 물건을 훔치다가 경찰에게 들켜서 도망치고 있었습니다. 경찰이 쫓아가면서 소리를 질렀습니다.

"너 이놈. 거기 섰거라."

도둑이 말했습니다.

"네가 나라면 서겠냐?"

열 받은 경찰이 권총을 빼어 쏘려고 하였더니 권총을 가지고 오지 않았습니다. 그래서 권총이 있는 것처럼 입으로 소리를 질렀습니다.

"탕! 탕! 탕! 탕!"

그 소리를 들은 도둑은 도망치면서 소리를 질렀습니다.

"으악! 으악! 으악!"

그러다가 도둑은 돌부리에 걸려 넘어지고 말았습니다. 엎어진 도둑을 향해 경찰이 물었습니다.

"너 죽었냐? 살았냐?"

도둑이 말했습니다.

"죽었다."

"죽은 놈이 어떻게 말을 하나?"

도둑이 말했습니다.

"나는 입만 살았다."

_하나님이 보내 주신 사랑의 문자

핸드폰을 가지고 계신 하나님은 우리에게 이렇게 문자 메시지를 보내 주실 것입니다.

0 : 영원히 너를 사랑해, 정말이야!

1 : 일일이 챙겨주고 곁에 있어줄 거야!

2 : 이유 없이 너를 사랑한다니까!

3 : 삼 년이 지나도 나의 사랑은 변함없어!

4 : 사랑이란 말로는 너를 향한 내 사랑을 다 표현할 수 없어!

5 : 오랜 시간을 기다린다 해도 너를 향한 나의 사랑은 변함이 없어!

6 : 육십 세가 되어도 나의 사랑은 변치 않을 거야!

7 : 칠 수도 있고 때리고 싶을 때도 있겠지만!

8 : 팔로 안아 주고 가슴으로 내 사랑을 전해 주고 말 거야!

9 : 구슬픈 눈물을 흘리면서 연가를 부르지 않도록 말이야. 그리고 세월이 흘러.

10 : 십 년 뒤에도 역시 내가 하고 싶은 말은 오직 하나, 사랑해, 사랑해, 사랑해!

100 : 백 살이 되어도 살아 있다면 여전히 너를 사랑할 거야!

_개미와 코끼리

거대한 코끼리가 낮잠을 자고 있었습니다. 그런데 개미가 등산을 한다며 배낭을 메고 코끼리 배 위로 올라갔습니다. 깜짝 놀라 잠에서 깬 코끼리가 개미에게 소리쳤습니다.

"야 인마! 무겁다, 내려가라!"

개미가 한 발을 번쩍 치켜들면서 소리쳤습니다.

"조용해 자식아! 콱 밟아 죽이기 전에!"

마침 이 광경을 지켜보던 하루살이가 혼자 중얼거렸습니다.

"세상에 오래 살다 보니 별 꼬락서니를 다 보겠네!"

선교사와 비누

한국 선교 초기였습니다. 미국의 한 선교사가 농촌 마을을 다니면서 순회 전도를 하고 있었습니다. 그는 어느 집에 머물면서 전도를 한 뒤 그 집을 떠나면서 감사의 표시로 선물을 주었습니다. 미국에서 가지고 온 깨끗하고 새하얀 비누였습니다. 선교사가 떠나자 비누를 처음 본 집주인은 그것이 서양 떡인 줄 알았습니다. 그래서 조금씩 나누어 먹었지요. 그러나 맛이 없었습니다. 오히려 속이 미식거리고 토할 것 같았습니다.

어느 날 선교사가 다시 그 집을 방문하자, 주인이 물었습니다.

"선교사님! 서양 떡이 왜 그렇게 맛이 없나요?"

선교사는 깜짝 놀라며 물었습니다.

"떡이라뇨? 무슨 떡을 말합니까?"

주인이 다시 물었습니다.

"선교사님이 지난번에 주고 가신 것이 떡이 아닙니까?"

선교사는 무슨 일이 일어났는지 알고 말했습니다.

"오! 그것은 떡이 아니라 비누입니다. 얼굴을 세수하거나 목욕할 때 쓰는 비누요. 그것은 몸을 깨끗하게 해주는 비누라는 것입니다."

집주인이 놀라면서 다시 말했습니다.

"몸을 깨끗하게 하는 비누라고요?"

"예, 맞습니다."

그러자 집주인은 덩실덩실 춤을 추면서 좋아하였습니다. 선교사가 이유를 물었습니다. 주인은 이렇게 대답하였습니다.

"선교사님, 몸을 깨끗하게 하는 비누를 먹었으니 이제부터는 나와 우리 가족의 마음이 다 깨끗하게 되지 않았나요? 그래서 좋고 감사해서 춤을 춥니다. 할렐루야!"

__양말과 욕심

부자 농부가 임종을 앞두고 세 아들에게 유산을 나누어 주고자 하였습니다. 아버지는 세 아들에게 유산으로 무엇을 받고 싶은지 물었습니다.

큰아들이 말했습니다.

"아버님! 저는 아버님의 양을 받고 싶습니다."

둘째 아들이 말했습니다.

"아버님! 저는 아버님이 키우시던 말을 받고 싶습니다."

그러자 욕심 많은 셋째 아들이 말했습니다.

"아버님! 저는 둘 다 받고 싶습니다."

아버지는 큰아들에게는 양을, 둘째 아들에게는 말을 주었습니다. 그리고 막내에게는 양말을 주었습니다.

__사탄의 유혹

경제적인 어려움을 겪고 있던 한 목사가 자기 아내에게 당부하며 말했습니다.

"여보! 미안하지만 우리 형편이 좀 나아질 때까지 가정의 모든 비용을 절감합시다. 옷도, 먹는 것도 다 아껴서 살아야 합니다."

며칠 후, 아내는 새 옷을 사 입고 기분이 좋아서 집으로 돌아왔습니다. 목사님은 가만히 보고 있다가 말했습니다.

"여보, 아주 멋있구려. 그런데 내가 당신더러 당분간은 옷을 사지 말자고 부탁했던 것 기억나시오?"

아내가 말했습니다.

"그럼요. 그런데 제가 가게 안에 있는 이 아름다운 옷을 보는 순간 글쎄 사탄이 저를 유혹하지 뭐예요."

"당신이 그럴 때는 어떻게 해야 하는지 잘 알고 있지 않소. 성경이 말씀한 대로 '사탄아 내 뒤로 물러가라'고 소리쳤어야지."

아내는 태연하게 이렇게 말했습니다.

"여보, 당신이 가르쳐 준 대로 그렇게 했지요. 그런데 글쎄, 사탄이 내 뒤로 가더니 '사모님, 뒤에서 봐도 아름다우신데요!' 그러지 뭐예요. 그래서 하나 샀어요."

__나 혼자 있으면 된다

개구리 한 마리가 길에 파인 깊은 구덩이에 빠졌습니다. 친구 개구리들이 구출작전을 폈지만 허사였습니다. 도저히 꺼낼 수가 없었습니다. 결국은 모두들 포기하고, 날이 어두워지자 각자 집으로 돌아가 버리고 말았습니다. 이튿날이었습니다. 친구 개구리들이 보니 어제 구덩이에 빠졌던 그 개구리가 신나게 깡충거리며 지나가는 것이 보였습니다. 친구 개구리들은 깜짝 놀라서 물었습니다.

"도대체 어떻게 그 구덩이에서 나왔어?"

그 개구리가 대답하였습니다.

"글쎄 말이야. 너희들은 다 가 버리고 난 그 구덩이 속에 계속 있었잖아. 그때 저 앞에서 큰 트럭이 한 대 이 길로 오고 있지 않겠어? 나는 그 구멍에서 나오지 않으면 안 되었지!"

__말조심

어떤 사람이 생일을 맞아 아주 친한 친구 네 명을 초대하였습니다. 세 친구는 약속한 시간에 도착하였습니다. 그런데 한 친구는 아직 오지 않았습니다. 초대한 사람이 말했습니다.

"왜 꼭 와야 할 사람이 이렇게 안 오지?"

이 말을 들은 한 친구가 화를 내며 말했습니다.

"꼭 와야 할 사람이 아직 안 왔다니? 그럼 우린 오지 말아야 할 사람들이었나?"

그는 말하기가 무섭게 돌아가 버렸습니다. 한 친구는 안 오고, 또 한 친구는 화가 나서 가 버리자 생일을 맞은 사람은 더욱 초조하며 말했습니다.

"어휴, 가지 말아야 할 사람이 그만 가 버렸군."

이번엔 남아 있던 두 친구 중 한 사람이 화를 냈습니다.

"친구, 무슨 말을 그렇게 하나? 그럼 가야 할 사람은 바로 우리란 말인가?"

그 친구 역시 문을 박차고 나가 버렸습니다. 마지막 남은 친구가 우정 어린 마음에서 친구에게 충고를 했습니다.

"친구, 말을 조심해야지."

주인이 말했습니다.

"내 말을 모두 오해한 것 같네. 그 친구들에게 한 말이 아니었는데……."

그러자 마지막 남은 친구마저 안색이 달라졌습니다.

"뭐야! 그렇다면 나를 두고 한 말이란 건가? 정말 기가 막히는군."

결국 나머지 한 친구마저 화를 내며 나가 버렸습니다.

_네 발로 걷게 할 수 있지

산에서 도를 닦던 도사가 시장에 나갔습니다. 부자가 거들먹거리면서 말 위에 앉아 도사에게 말했습니다.

"도사님! 안녕하세요. 도사님은 숨을 내쉬며 기적을 일으킨다고 들었습니다. 내 말이 두 발로 걷게 기적을 일으켜 보시오."

도사가 올려다보며 말했습니다.

"나는 말을 두 발로 걷게 할 능력이 없네. 그러나 자네를 네 발로 걷게 만들 수는 있지."

_나도 한번 죽어 보고 싶다

더운 여름날이었습니다. 푹푹 찌는 더위가 맹렬하였습니다. 친구들을 초청하여 식사 중이었습니다. 식탁 한가운데 시원한 냉채가 놓여 있었습니다. 주인은 친구에게는 찻숟가락을 주고, 자기는 큰 국자를 들었습니다. 친구는 찻숟가락으로 아무리 떠 마셔도 갈증이 가시지 않았습니다. 그러나 주인은 한 번만 마셔도 시원하였습니다. 주인은 계속 퍼마시면서 말했습니다.

"아! 시원하다. 죽여주는군!"

계속 이런 말을 하면서 냉채를 마셨습니다. 친구가 참다못해 말했습니다.

"여보게, 내게 그 큰 국자 좀 빌려 주게. 나도 한번 죽어 보게."

_새 장가

한 남자의 아내가 죽었습니다. 그는 전혀 슬퍼하지 않고 먹고 마시며 할 일을 다 하였습니다. 며칠 후 그 남자가 타고 다니는 당나귀가 죽었습니다. 그는 식음을 전폐하고 슬퍼하였습니다. 사람들은 수군거렸습니다.

"저렇게 안 먹다가 죽으면 어쩌려고 저러나?"

근심스러워하면서 물었습니다.

"선생님! 부인이 돌아가셨을 때는 아무렇지도 않더니 그까짓 당나귀가 한 마리 죽었다고 왜 그리 슬퍼하십니까?"

그가 대답하였습니다.

"여보게, 생각하여 보게. 아내가 죽었을 때에는 사람들이 몰려와서 슬퍼하지 말라면서 더 좋은 사람을 만나게 해 준다고 하였지. 그런데 당나귀가 죽고 나니 한 명도 오지 않아. 그리고 더 좋은 당나귀를 사 준다고 말하지도 않아. 내가 어찌 슬프지 않을 수 있겠나?"

__미국과 소련

미국과 소련 사이에 전쟁이 일어났습니다. 둘 다 가공할 무기를 가지고 있기에 서로 초토화될 것 같았습니다. 그래서 이렇게 합의를 보았습니다.

"5년 동안 개를 길러서 개끼리 싸움을 붙여 이기는 편이 전쟁에서도 이기는 것으로 하자."

합의가 끝나자 소련은 돌아가서 가장 무서운 개와 가장 큰 개를 골라 교배를 시켜 품종 개량을 시작하였습니다. 나중에는 늑대와 맹수까지 교배시켜 무시무시한 개를 만들었습니다. 그리고 성장 호르몬 주사도 놓아 품종을 크게 만들었습니다.

5년이 흘렀습니다. 소련은 큰 개를 가지고 나왔습니다. 미국은 겨우 2.5 미터 되는 개를 가지고 나왔습니다. 10초도 안 되어 소련 개가 이길 것 같았습니다. 그러나 싸움이 시작되자마자 미국 개가 소련 개를 한 입에 집어삼키고 말았습니다. 미국은 5년 동안 성형외과 의사를 모두 동원시켜서 개의 입을 악어 입보다 크게 만들어 두었던 것입니다.

__어차피 내릴 생각이었어

당나귀를 타고 가던 남자가 당나귀에서 떨어져 뒹굴었습니다. 동네 아이들이 박수를 치며 깔깔 대었습니다. 그 남자는 아무렇지도 않다는 듯이 일어나 옷을 툭툭 털면서 말했습니다.

"웃지 마, 이 녀석들아! 떨어지지 않았어도 어차피 지금 내리려고 했어."

__머리를 두고 가시오

어떤 사람이 그 마을에서 거짓말 잘 하기로 유명한 집에 돈을 꾸러 갔습니다. 가기 싫었지만 할 수 없이 갔습니다. 거짓말을 잘 하는 사람은 2층에서 머리만 살짝 내밀더니 다시 들어갔습니다. 그리고 조금 뒤 아내가 나와서 말했습니다.

"선생님! 어떻게 하면 좋죠? 남편이 잠깐 외출하였네요. 방금 급한 일이 생겨서요."

조금 전에 2층에서 머리만 살짝 내미는 것을 보았으므로 거짓말하는 것이 분명하였습니다. 찾아간 남자가 말했습니다.

"아! 그래요? 당신 남편에게 내 말을 전해 주세요. 그리고 타일러 주세요. 앞으로 밖에 나갈 때에는 머리를 집에 두고 나가면 안 된다고 말예요."

__나그네 설움

한 나그네가 먼 길을 걷고 있었습니다. 길을 가다 산골에 외딴 집이 있어서 하룻밤 묵어가기를 청하였습니다. 그는 배가 무척 고팠습니다. 배에서는 쪼르륵 소리가 계속 울렸습니다. 그런데도 집 주인은 계속 다른 것을 물어보기만 하는 것이었습니다.

"목마르지 않으세요?"

"졸리지 않으세요?"

화가 난 나그네가 말했습니다.

"여보세요. 걱정하지 마세요. 우물가에서 실컷 자다가 왔어요."

__정말 소중한 것은?

우산만 들고 나갔다 하면 잃어버리는 장사꾼이 있었습니다. 부슬비가 오는 어느 날이었습니다. 장사꾼의 아내는 우산을 주면서 단단히 일렀습니다.
"제발 오늘만은 우산을 잃어버리지 말아요."
"알았어! 알았어!"
마음 단단히 먹고 나간 장사꾼은 돌아오는 버스 안에서 우산을 단단히 잡고 있었습니다. 너무나 피곤하여 잠깐 졸았습니다. 내릴 때쯤 깜짝 놀라서 깨어난 장사꾼은 우산을 확인하였습니다. 잃어버리지 않았습니다. 너무나 좋았습니다. 그는 기뻐 돌아와서 아내에게 우산을 내밀었습니다. 아내가 물었습니다.
"여보! 오늘 장사한 돈주머니는요?"

__누구 속이 더 탈까

사막지대에서 장사하는 주막에 손님이 찾아왔습니다. 사막지대에서 가장 비싼 것은 꿀입니다. 손님은 빵과 우유를 주문하였습니다. 빵에 꿀을 발라 먹다가 빵이 다 떨어졌습니다. 그는 비싼 꿀만 정신없이 손가락으로 찍어서 먹었습니다. 주인이 말했습니다.
"손님! 그렇게 꿀만 찍어 잡수시면 속이 타요."
그러나 손님은 계속 꿀을 찍어 먹으면서 말했습니다.
"누구 속이 더 타고 있는지는 하나님이 더 잘 아실 것입니다."

__대책은 너다

추운 겨울날이었습니다. 눈 오는 거리에서 한 소녀가 얇은 옷을 입고 밥 한 끼조차 제대로 먹지 못한 듯 오들오들 떨고 있었습니다. 어떤 사람이 화가 나서 하나님께 외쳤습니다.

"왜 이런 일을 그냥 보고만 계십니까? 무슨 대책이든 대책을 세워 주셔야지요."

한동안 하나님께서는 말이 없으셨습니다. 그리고 그날 밤에 나타나셔서 말씀하셨습니다.

"나는 틀림없이 대책을 세웠다. 나는 너를 만들었으며 그곳에 너를 두었지 않았느냐?"

__수탉도 있어야 해

마을 젊은이들이 모여 목욕탕을 갔습니다. 그들은 한 친구에게 목욕비를 모두 내게 하자고 의논하였습니다. 그래서 달걀을 하나씩 가지고 들어갔습니다. 목욕탕에서 말했습니다.

"우리 알을 하나씩 낳도록 하자. 알을 못 낳는 사람이 목욕비를 몽땅 내는 거야."

모두가 좋다고 하였습니다. 그들은 두 손을 퍼덕이며 닭이 알을 낳는 흉내를 냈습니다. 그리고 알을 하나씩 꺼내 들었습니다. 그 친구는 자기를 골탕 먹이려고 계략을 꾸민 것을 알았습니다. 그는 조금도 당황하는 기색이 없이 수탉처럼 날개를 푸덕였습니다. 그리고 말했습니다.

"너희들은 전부 암탉이라 알을 낳았군. 수탉이 없으면 알을 낳을 수가 없지. 나는 수탉이다."

__부자 독수리

아빠 독수리와 아들 독수리
가 높은 산 바위에 앉아 있었
습니다. 그때 우주선 한 대가 엄청남 굉음을 내며 빠른 속도로 지나가고 있
었습니다. 멀리 높은 하늘로 사라져 가는 우주선을 한참 바라보던 아들 독
수리가 감탄하며 탄성을 올렸습니다.
"와우! 우리 아빠보다 훨씬 더 빠른걸."
그 소리를 들은 아빠 독수리는 자존심이 상하였습니다. 그래서 말했습니다.
"이놈의 새끼야, 나도 꽁지에 불만 붙으면 저 우주선보다 훨씬 빨리 날 수
있어!"

__담요 때문에 싸웠나 봐

한 남자가 한밤중에 자려고 옷을 벗고 아내와 함께 잠자리에 누웠습니다.
그런데 밖에서 싸우는 소리가 요란하였습니다. 그 남자는 덮고 자던 담요
를 뒤집어쓰고 밖으로 나가면서 아내에게 말했습니다.
"내가 나가서 싸움을 말리고 들어올게."
그는 싸우는 이들에게 다가가서 싸움을 말렸습니다. 그런데 싸우던 사람들
중 하나가 그가 뒤집어쓰고 있던 담요를 빼앗아 가지고 도망쳤습니다. 알몸
이 된 그는 떨면서 집으로 황급히 뛰어 들어왔습니다. 아내가 물었습니다.
"왜 싸워요?"

그 남자가 대답하였습니다.

"내 담요 때문에 싸웠나 봐! 내 담요를 뺏고 나더니 싸움이 사라졌어."

_이사

가난한 집에 도둑이 들었습니다. 도둑은 큰 자루에 중요한 물건들을 주워 담고 있었습니다. 주인은 가만히 보고만 있었습니다. 도둑은 물건을 잔뜩 넣어 가지고 밖으로 나갔습니다. 주인도 나머지 물건들을 자루에 담아 가지고 도둑 뒤를 따라갔습니다. 집에 도착한 도둑은 이상하여 뒤를 돌아보았습니다. 그 집 주인이 한 자루 짊어지고 서 있었습니다. 도둑이 이상해서 물었습니다.

"아니! 웬일이십니까?"

주인이 대답하였습니다.

"이 집으로 이사 왔습니다. 이삿짐을 옮겨 주셔서 감사드립니다."

_누구를 더 사랑하는가?

두 여자를 데리고 사는 남자가 있었습니다. 두 여자는 하루가 멀다 하고 싸웠습니다. 어느 날 그 남자가 금반지 두 개를 사 가지고 와서 두 아내에게 주었습니다. 그리고 말했습니다.

"내가 금반지 준 것을 상대방에게 절대 말하면 안 되네."

두 여자는 각기 금반지를 간직하고 있었습니다. 어느 날 그 남자가 밖에 나갔다 오니 또 대판 싸우고 있었습니다. 두 여자가 똑같이 물었습니다.

"도대체 당신은 우리 둘 중 누구를 더 사랑하나요?"

그 남자가 말했습니다.

"금반지를 가지고 있는 이를 더 사랑하지."

__촛불 끄는 남편

임신한 아내가 어느 날 밤 진통이 시작되었습니다. 긴급하게 산파를 불렀습니다. 한밤중에 찾아온 산파는 전기가 없던 시절이라 남편에게 말했습니다.

"촛불을 좀 켜세요."

남편이 촛불을 켰습니다. 산파는 아이를 받았습니다. 안도의 한숨을 쉬고 있는데 산파가 외쳤습니다.

"촛불을 꺼지지 않게 잘 붙들고 계세요. 아이 하나가 또 나옵니다. 쌍둥이에요."

말이 떨어지기가 무섭게 아이가 또 태어났습니다. 그런데 아이가 나오자마자 남편이 촛불을 꺼 버리는 것이었습니다. 산파는 놀라서 물었습니다.

"아니, 왜 불을 끄나요? 이 긴박한 시간에 왜 불을 끄는 거죠?"

남편이 말했습니다.

"어떻게 촛불을 안 끌 수가 있나요? 불빛만 보이면 아이가 자꾸 나오는데……."

__죽음 앞에서 중립

노인 한 분이 임종의 순간을 맞이하고 있었습니다. 목사가 와서 말했습니다.

"예수님을 영접하시고 마귀를 저주하세요."

그러나 노인은 침묵만 지키고 있었습니다. 목사는 또 외쳤습니다.

"예수님을 영접하시고 마귀를 저주하세요."

그래도 노인은 침묵만 지키고 있었습니다. 목사님이 이상하여 물었습니다.

"왜 마귀를 저주하지 않나요?"

노인이 죽어가는 목소리로 말했습니다.

"여보시오, 목사 양반! 내가 지금 죽어서 천국 갈지 지옥 갈지 알 수 없는데 마귀를 저주하였다가 지옥 가면 혼날 거 아니요."

__외투 안에 나도 있었네

어느 날 옆집에서 부부싸움 하는 소리가 요란하게 들렸습니다. 잠시 뒤 우당탕탕 하는 소리도 들렸습니다. 너무나 시끄러워서 옆집 사람이 가 보았습니다.

"왜 그러시죠?"

물었습니다. 싸우던 남편이 말했습니다.

"다 그런 거 아닙니까? 부부가 살다 보면 싸우기도 하는 거죠 뭐. 당신 부부도 그렇지 않나요?"

이웃 사람이 물었습니다.

"인생 살아가는 것이 다 그렇지요. 그런데 우당탕탕 하는 소리는 뭐였나요?"

그 남자가 대답하였습니다.

"사실은 우리 아내가 내 외투를 걷어차서 외투가 계단에서 구르는 소리였어요."

"외투가 굴러가는데 왜 그런 소리가 나나요?"

그 남자가 말했습니다.

"그 외투 속에 내가 들어 있었거든요."

__그땐 이미 늦는다

아버지가 딸에게 물을 길어 오라며 항아리를 주었습니다. 아버지는 딸에게 말했습니다. 그러고는 갑자기 무슨 생각이 났는지 딸의 볼기를 때리는 것이었습니다. 아내가 놀라서 물었습니다.

"여보! 왜 잘못도 하지 않은 애는 때려요?"

아버지가 말했습니다.

"항아리를 깬 다음에 볼기를 때리면 무슨 소용이 있소? 그땐 너무 늦지."

__재혼한 부부

재혼한 부부가 있었습니다. 여자는 밤마다 침대에서 전남편 이야기만 하였습니다. 전남편 이야기는 하지 말아달라고 아무리 부탁하여도 소용이 없었습니다. 남자도 할 수 없이 전처 이야기만 하였습니다. 밤마다 침대에 누우면 서로가 전남편, 전처 이야기만 늘어놓았습니다.

그러던 어느 날 밤이었습니다. 남편이 아내를 발로 차서 침대에서 떨어뜨렸습니다. 아내가 놀라서 물었습니다.

"도대체 왜 그래요?"

남편이 화가 나서 말했습니다.

"생각해 봐요. 이 좁은 침대에서 밤마다 네 명이 자고 있으니 얼마나 좁아요. 당신 하나라도 침대 밑에서 자요."

__곧 집이 뒤집힐 것일세

한 남자가 결혼을 앞두고 집을 짓고 있었습니다. 그는 목수에게 말했습니다.

"천장 나무를 마루에 깔고, 마루 나무를 천장에 달아 주세요."

목수가 이상하여 물었습니다.

"왜 그러십니까?"

"곧 결혼하여 살 집이라서요."

목수는 아직도 이해가 되지 않아서 물었습니다.

"무슨 말입니까?"

그 남자가 말했습니다.

"결혼하면 이 집에 여자가 들어올 것이고, 여자가 들어오면 이 집이 곧 뒤집힐 것이니까요."

__눈물의 의미

퇴근한 남편에게 주려고 아내가 정성스럽게 보글보글 스프를 끓이고 있었습니다. 아내는 스프를 떠서 맛을 보았습니다. 그런데 너무나 뜨거워서 눈물이 핑그르르 흘렀습니다. 남편이 물었습니다.

"여보! 왜 울어?"

아내가 둘러댔습니다.

"돌아가신 어머니가 이 스프를 좋아하셨어요. 어머니 생각이 나서 울었어요."

남편이 스프를 먹는데 역시 너무 뜨거워서 눈물이 났습니다. 아내가 물었습니다.

"당신은 왜 울어요?"
남편이 말했습니다.
"당신 어머니는 돌아가셨는데 당신은 살아 있어서 눈물이 나."

__내 마누라 가지시오

어느 남자가 외로워서 누군가와 같이 살고 싶다는 생각이 들었습니다. 그는 진실한 사랑을 하고 싶었고, 결혼도 하고 싶었습니다. 그래서 신문에 구혼 광고를 냈습니다.
"아내가 되어 줄 여인을 구합니다."
며칠 후 500통의 편지가 왔습니다. 그중에 300통은 남자들에게서 왔습니다. 거기에는 이렇게 씌어 있었습니다.
"내 마누라 가지시오."

__모범적인 남자

일간 신문에서 수억 원의 현상금을 걸고 가장 모범적인 남자를 찾았습니다. 당선되면 횡재하는 것이었습니다. 수 만 명이 자기소개를 하면서 지원하였는데, 그중 한 명만이 당선되었습니다. 당선된 사람의 편지는 이런 것이었습니다.
"저는 한 방울의 술도 마시지 않습니다. 담배도 피우지 않습니다. 물론 다른 여자와 성관계를 가진 적도 한 번도 없습니다. 매일 열심히 일합니다. 규칙을 잘 지키며 살아가고 있습니다. 일찍 일어나고 제 시간에 잠자리에 들어갑니다. 영화관에도 가지 않습니다. 오락장에도 가본 적이 없습니다.

주일이면 어김없이 교회에 나가 예배를 드립니다. 앞으로도 10년 정도는 이렇게 살아갈 것입니다."

신문사에서는 당선된 사람을 찾아가 보았습니다. 그는 교도소에 수감 중이었습니다.

_망각

한 성이 적에게 포위된 채 장시간이 흘렀습니다. 몇 달이 지나자 양식마저 떨어졌습니다. 그래서 어느 집에서 기르던 개를 잡았습니다. 잘 먹고 나서 뼈를 모아 놓았습니다. 그 뼈를 보면서 아내가 말했습니다.

"저 뼈를 우리 집 개에게 주면 잘 먹을 텐데……."

_저런 남자와 이혼하여 보았으면

한 여자 거지가 어느 재벌이 고급 승용차에서 내리는 모습을 보면서 중얼거렸습니다.

"저런 남자와 이혼하여 보았으면……."

_은행 강도

한 고객이 은행 여직원에게 점잖게 쪽지를 내밀었습니다. 받아 보니 이렇게 적혀 있었습니다.

"조용히 돈을 내놓아라. 나는 강도다."

잠시 뒤 은행원이 강도에게 종이를 내밀었습니다.

강도가 받아 보았습니다.

"넥타이나 고쳐 매라. 너는 정면에서 사진에 찍히고 있다."

_뉴스

텔레비전 사회 뉴스입니다.

"어제 살인강도가 나타나서 한 명을 비참하게 살해하였습니다. 다행스럽게도 그는 하루 전날 은행에 돈을 전부 맡겼기에 목숨만 빼앗겼습니다."

_모기 애도

아들이 늦잠을 자서 학교에 늦게 되었습니다. 어머니가 말했습니다.

"왜 늦잠을 자고 그러니?"

"모기가 극성을 부려서요."

"어제 모기약을 뿌렸는데……."

"모기 할아버지가 돌아가셔서 밤새 곡하는 소리 때문에 시끄러워 잠을 못 잤어요."

_적성검사

한 어머니가 아들의 적성검사를 받기 위해 전문가에게 데리고 갔습니다. 전문가는 아들 앞에 술병, 돈주머니, 병서 책을 놓고 어머니에게 말했습니다.

"술을 집으면 방랑자가 될 염려가 있습니다. 돈주머니를 집으면 사업가로 기르면 되고요. 병서 책을 집으면 장군으로 키우십시오."

그리고 아들에게 어느 것이든 하나 집으라고 말했습니다. 아들은 술을 마신 뒤 돈주머니에서 돈을 꺼내서 병서 책을 옆구리에 끼고 도망치려고 하였습니다. 어머니가 소리를 질렀습니다.

"오, 하나님! 아들이 술꾼에 사기를 치는 장군이 되겠군요."

__화해

강가에서 낚시질하던 사람이 옆 사람에게 말했습니다.

"나는 원한이 있는 사람이 있었어요. 낚시질을 하면서 원한을 다 강물에 흘러 보냈습니다."

옆 사람이 말했습니다.

"잘 하셨습니다. 원한의 감정이 다 빠져 버렸군요."

낚시질하던 이가 말했습니다.

"원한의 감정을 빠뜨려 버린 것이 아니라 그 사람을 빠뜨려 버렸지요."

__그럭저럭

낚시꾼이 낚시질을 하고 있었습니다. 지나가던 사람이 물었습니다.

"몇 마리나 잡았나요?"

낚시꾼이 대답하였습니다.

"지금부터 한 마리를 잡고, 한 마리를 더 잡고 나서, 그럭저럭 한 마리만 더 잡으면 세 마리는 되겠지요."

__우리 아기

아내가 남편에게 말했습니다.

"여보, 우리 아기가 우리 집안을 환하게 밝게 해주지 않아요?"

남편이 말했습니다.

"그럼! 밤에도 거의 불을 켜놓고 자야 하니까."

__이 약장수

이를 없애는 약을 파는 장수가 사람들을 모아놓고 말했습니다.

"이 약은 정말 좋은 약입니다. 이를 잡아서 입을 벌리고 조금만 넣으면 즉각 죽습니다."

듣던 사람들이 물었습니다.

"이를 잡아 약을 넣지 말고 손톱으로 눌러 죽이면 더 확실하지 않을까요?"

약장수가 말했습니다.

"그게 더 좋겠군요."

__낙하산 훈련

두 친구가 낙하산 훈련에 참가하였습니다. 교관이 말했습니다.

"매우 간단하다. 비행기에서 뛰어내린 뒤에 20까지 센다. 그리고 오른쪽에 달려 있는 고리를 당긴다. 그러면 낙하산이 펼쳐지게 되어 있다. 그래도 10만 번에 한 번쯤은 안 펴질 수도 있다. 그러나 당황하지 마라. 다시 20을 센다. 그리고 왼쪽 고리를 당겨라. 땅의 도착지점에서는 마차가 대기하고 있다. 그 마차를 타고 귀대하면 된다."

첫 훈련에 참가한 두 친구가 비행기에서 떨어졌습니다. 오른쪽 고리를 당겼습니다. 펴지지 않았습니다. 다시 20을 센 후 왼쪽 고리를 당겼습니다. 마찬가지였습니다. 한 친구가 말했습니다.

"그러고 보면 밑에 마차가 있다는 것도 거짓말 아닐까?"

다른 친구가 빠른 속도로 떨어지면서 말했습니다.

"아무렇게나 하면 어떠냐? 우리는 연습하고 있는 거야."

__전쟁터에서

전쟁터에서 물장수가 물을 팔고 있었습니다. 그는 물병을 양손에 하나씩 들고 다녔습니다.

"한 병에 천 원이요."

그때 총알이 날아오더니 물병 하나를 터뜨렸습니다. 물장수가 재빨리 말했습니다.

"한 병에 이천 원이요."

__산적

아내는 남편을 위하여 가게를 경영하고 있었습니다. 남편이 과거 준비를 하고 있었기 때문입니다. 어느 날 남편이 잠깐 가게에 들렀습니다. 아내는 남편에게 가게를 맡기고 밖으로 볼일을 보러 나갔습니다. 그런데 일을 하고 돌아와 보니 산적들이 들어와서 물건을 훔쳐가고 있었습니다. 남편은 놀라지도 않고 보고만 있었습니다. 아내가 물었습니다.

"아니 여보! 왜 산적들을 쫓지 않고 가만히 보고만 있어요?"
남편이 말했습니다.
"관리가 도적질하면 놀라지만, 산적들이 도적질하는 것은 당연하지 않소?"

__중간보고

주인이 머슴에게 말했습니다.
"내일 출장이다. 새벽 5시에 깨워라."
그러고는 잠에 빠져 들었습니다. 머슴이
새벽 3시에 잠을 깨우며 말했습니다.
"아직 두 시간이 남아 있으니 더 푹 주무세요."

__안식일 장사

유대인들은 안식일에 일을 할 수 없습니다. 그런데 한 유대인이 안식일에 반액 세일 판매를 하고 있었습니다. 랍비가 다가가서 꾸짖으며 말했습니다.
"왜 안식일에 장사를 하는 거요. 당신은 하나님의 율법을 어기고 있소."
그 사람이 말했습니다.
"반액 세일은 장사가 아니오. 봉사요."

_개구리의 고민

외로운 개구리가 전화 상담을 하였습니다. 외로움을 달래줄 소녀를 찾고 있다는 것이었습니다. 마침 상담원이 이렇게 말했습니다.

"당신을 찾고 있는 여자가 있습니다."

개구리는 반가워서 얼른 대답하였습니다.

"누구인가요?"

상담원이 말했습니다.

"생물 해부학 시간을 기다리는 여학생입니다."

_하나님의 은총

비가 억수같이 쏟아지고 있었습니다. 어떤 남자가 비를 맞지 않으려고 뛰고 있었습니다. 그때 다른 사람이 말했습니다.

"비도 하나님의 은총인데 왜 안 맞으려고 그래요?"

그 말이 맞는 것 같아서 그는 천천히 걸었습니다.

며칠 후 비가 또 억수같이 내렸습니다. 자기에게 비도 은총이니 맞으라고 한 남자가 빗속에서 뛰고 있었습니다. 그래서 물었습니다.

"당신은 하나님의 은총을 맞지 않고 왜 뛰나요?"

그가 대답하였습니다.

"하나님의 은총을 밟지 않으려고 뛰어갑니다."

_40년 된 식초

이웃 사람이 와서 말했습니다.

"댁에 40년 된 식초가 있다고 하셨지요?"

"네."

"약에 쓰려고 하니까 조금만 주시겠습니까?"

그가 말했습니다.

"달라는 대로 다 주면 40년 견디었겠습니까?"

_거꾸로 매장하여 주게

한 남자가 죽어가면서 유언을 하였습니다.

"내가 죽으면 거꾸로 묻어 주게."

"왜 그렇습니까?"

"세상 끝 날에 세상이 뒤집어진다고 들었어."

_하나님 잘못하였습니다

한 나그네가 무더운 여름날 길을 가다가 너무나 더워서 도토리나무 아래에서 쉬었습니다. 큰 나무에 도토리가 주렁주렁 열려 있었습니다. 그런데 그 옆에 나약한 호박나무에는 큰 호박이 달려 있었습니다. 나그네는 불평스럽게 말했습니다.

"하나님! 왜 큰 나무에는 조그만 열매가 맺히고, 연한 호박순에는 큰 열매가 달리게 하시나요?"

그때 도토리 한 개가 떨어져 머리를 때렸습니다. 아팠습니다. 그는 말했습니다.

"하나님 일에 참견하여 잘못하였습니다. 만일 큰 나무에 큰 열매가 열렸더라면 저는 박살나 죽었을 것입니다."

_하나님의 손님

어느 날 한 집에 나그네가 찾아와서 하룻밤을 자고 가겠다고 하였습니다. 반갑지 않은 손님이었습니다.

"누구십니까?"

물었더니 그가 대답하였습니다.

"하나님이 보내신 손님입니다."

거절하지 못하게 하나님 핑계를 댄 것입니다. 주인은 밖으로 나가더니 그 사람을 교회로 인도하였습니다. 그리고 말했습니다.

"하나님의 손님이니 하나님의 집에서 머무세요."

_당신은 헤엄칠 줄 알잖아

한 남자가 아내가 늙자 젊고 발랄한 여자를 두 번째 아내로 맞았습니다. 그런데 두 여자는 질투가 심하여 싸움이 잦았습니다. 두 아내가 남편을 놓고 물었습니다.

"우리가 배를 타고 가다가 둘 다 물에 빠졌어요. 누구부터 건질 거예요?"

남편이 첫 아내보고 말했습니다.

"당신은 헤엄칠 줄 알잖아?"

__나만 만나지 말아요

한 남자가 결혼을 하였습니다. 하룻밤 자고 나서 아내를 보니 그렇게 못생길 수가 없었습니다. 아내에게 물었습니다.

"여보. 우리가 결혼하였는데 친척 중에 누구는 만나야 하고 누구는 만나면 안 되는지 알아요?"

"몰라요."

"내가 가르쳐 주지요. 다 만나도 되는데, 나만 만나지 말아요."

__고양이와 양고기

한 남자가 비싼 양고기를 사다 아내에게 주었습니다. 거의 퇴근할 때마다 그렇게 하였는데 아내는 남편에게 한 번도 양고기 요리를 해준 적이 없습니다. 자기만 해먹고 있었기 때문입니다. 남편이 양고기를 어떻게 하였느냐고 물으면 아내는 고양이가 물어갔다고 말하곤 하였습니다.

남편은 이 날도 어김없이 양고기를 두 근 사들고 돌아와서 아내에게 요리하여 달라고 했습니다. 그러나 아내는 또 고양이가 먹었다고 말했습니다. 남편은 고양이를 잡아 저울 위에 달아 보았습니다. 꼭 두 근이었습니다. 남편이 물었습니다.

"이 두 근이 고양이라면 양고기는 어디 갔지? 두 근이 양고기라면 고양이는 또 어디 간 거야?"

__항상 거꾸로 행동하는 아내

어느 날 어떤 사람이 한 남자에게 허겁지겁 달려와서 말했습니다.

"큰일 났습니다. 당신 아내가 강에서 빨래를 하다가 물에 빠져서 떠내려가고 있습니다."

그 남자는 부리나케 강가로 달렸습니다. 그리고 강으로 뛰어 들어가 헤엄쳐 강을 거슬러 올라갔습니다.

"물은 이쪽으로 흘러요."

땅 위에서 소리 지르자 그 남자가 말했습니다.

"우리 아내는 늘 거꾸로 살았어요."

__걷어차기

시집간 딸이 친정에 갔습니다. 친정아버지와 이야기를 나누던 중 갑자기 아버지가 일어나더니 딸을 발로 걷어차는 것이었습니다. 화가 난 딸이 돌아와서 신랑에게 이 사실을 말했습니다. 그런데 신랑 역시 갑자기 일어나더니 아내를 발로 걷어차는 것이었습니다. 아내는 놀라서 소리를 질렀습니다.

"아버지도 나를 걷어차더니 당신도 나를 걷어차는 거예요?"

신랑이 말했습니다.

"가서 아버지에게 전하시오. 아버지가 걷어차면 나도 당신 딸을 똑같이 걷어차겠다고 말이오."

_통닭

가난한 남자가 통닭이 먹고 싶어 벼르고 별러서 통닭 한 마리를 샀습니다. 그리고 숲속에 들어가서 혼자 몰래 먹고 있었습니다. 그때 아는 사람이 다가오더니 그에게 말했습니다.

"여보게, 나 지금 몹시 배가 고프다네. 더구나 통닭을 먹고 싶었어."

매정하게 거절할 수 없어서 그는 나누어 주기로 작정하였습니다. 그러나 아까워서 목과 발목 부분만 주었습니다. 화가 난 이웃이 말했습니다.

"여보게, 내가 손님이 아닌가. 손님에게 좋은 것을 주어야지. 맛있는 것은 자네가 먹고, 살이 없는 부분만 나를 줄 텐가?"

이때 그 남자가 말했습니다.

"만일 자네가 나라면 어떻게 하겠나?"

그 이웃이 말했습니다.

"내가 자네라면 맛있는 것은 자네 주고, 맛없는 부분은 내가 먹겠네."

이 말을 듣고 있던 그 남자가 말했습니다.

"내가 미리 자네 말대로 그리 했네."

_사과와 아이스크림과 떡

가난한 남자가 친구들에게 말했습니다.

"나는 한꺼번에 사과와 아이스크림과 떡을 먹어 봤으면 좋겠어. 내가 좋아하는 음식이야."

듣던 친구가 물었습니다.

"세 가지가 한꺼번에 있던 적이 없었니?"

"이것이 있으면 저것이 없고, 저것이 있으면 이것이 없고 그랬네."

"단 한 번도 세 가지가 같이 있었던 적이 없었다고?"

그가 대답하였습니다.

"한 번 있었지. 그런데 그때에는 내가 없었어."

_이상한 마을

추운 겨울, 한 나그네가 어느 마을을 통과하고 있었습니다. 그때 개 한 마리가 맹렬히 달려들었습니다. 그는 길거리 돌을 빼내어 개에게 던지려고 하였지만 돌이 잘 빠지지 않았습니다. 그는 투덜거렸습니다.

"이상한 마을이지. 개는 풀어놓고 돌은 묶어놓았네."

_태풍 때문에

한 도적이 남의 사과 밭에 들어가서 사과를 따서 광주리에 신나게 담고 있는데 주인이 왔습니다.

"당신은 누구십니까?"

"태풍에 날려서 떨어지고 보니 이곳이었습니다."

"그러면 이 사과는 누가 땄습니까?"

"태풍에 날아가지 않으려고 잡히는 대로 잡았더니 사과가 떨어졌네요."

"그러면 이 광주리에 사과는 누가 넣었습니까?"

"글쎄요. 나도 이상해요. 나는 태풍에 날아가지 않으려고 이 광주리에 나를 묶으려던 중이었습니다."

__줄에도 밀가루를

항상 옆집 사람은 남의 물건을 자기 물건처럼 빌려 가는 버릇이 있었습니다. 그날도 주인이 문턱에 앉아 있는데 또 찾아오고 있었습니다. 오늘은 무엇을 빌려 달라고 할지 궁금해 하고 있는데 그가 다가와서 말했습니다.

"산에 나무를 하러 가는데 나무 묶을 줄 좀 빌려 주세요."

너무 얄밉게 보던 그는 이렇게 대답하였습니다.

"밀가루가 눅눅해서 줄에다 걸어 놨더니 빌려 줄 줄이 없어요."

줄을 빌리러 온 사람은 이상하다는 듯이 물었습니다.

"밀가루를 어떻게 줄에 거나요?"

주인이 대답하였습니다.

"빌려 줄 마음이 없으면 밀가루도 줄에 널 수 있지요."

__최후의 심판

심술궂은 동네 사람들이 그 동네에서 양을 제일 많이 가지고 있는 부잣집의 양을 몇 마리 잡아먹기로 작정하였습니다. 그래서 부자에게 동네 사람들이 가서 말했습니다.

"어제 목사님 설교에서 최후의 날이 곧 온다고 들었죠?"

"네, 같이 들었지요."

"최후의 날이 다가오는데 양이 이렇게 많아서 무엇 합니까? 몇 마리 잡아 같이 즐기시지요."

부자는 거절하였지만 동네 사람들은 포기하지 않고 졸랐습니다. 부자는 할 수 없이 양 몇 마리를 주었습니다. 그리고 같이 강가로 나가서 양을 잡아 바비

큐 파티를 하였습니다. 모두가 무더운 날씨에 불을 피워 바비큐를 해먹다 보니 땀이 줄줄 흘렀습니다. 모두 옷을 벗어 놓고 강으로 뛰어 들어갔습니다. 부자는 옷을 모두 거두어 불을 질렀습니다. 모두 강에서 나와 보니 옷이 불타고 있었습니다.

"이보시오, 왜 우리 옷을 불태우시오?"

부자가 시치미를 떼고 말했습니다.

"최후의 날에 옷은 무엇 하러 가지고 있소?"

__내 암소는요?

가난한 사람이 생활이 너무나 어려워서 암소를 팔러 시장에 나갔습니다. 그러나 경험이 없어서 어떻게 팔아야 할지 몰라 망설이고 있었습니다. 그때 한 장사 전문가가 오더니 이렇게 말했습니다.

"내가 팔아 줄 터이니 10만 원만 주시겠습니까?"

그는 그렇게 하겠다고 말했습니다. 그 장사꾼은 암소를 끌고 가서 외쳤습니다.

"이 암소는 수소 같은 암소입니다. 지금 임신 육 개월입니다. 곧 소 한 마리가 더 생깁니다. 살 사람 없습니까?"

금방 암소가 좋은 가격에 팔렸습니다. 소를 판 사람은 기분 좋게 집으로 돌아왔습니다.

중매쟁이가 자기 딸을 중매하러 왔습니다. 그는 딸에 대해서 이렇게 소개하였습니다.

"내 딸은 남자 같은 여자입니다. 임신 육 개월이죠. 곧 아기 하나가 더 생깁니다."

__이상한 주보광고

어느 교회 주보에 이런 이상한 광고가 올랐습니다.

1. 내일부터 여선교회 주최로 사흘 간 금식 기도회가 있습니다. 참가비는 오만 원. 여기에는 숙박비와 식비가 포함됩니다. "회비는 선교회 총무 자유함 앞으로."

2. 오늘 당회장님의 고별 설교가 있은 후 할렐루야 찬양대의 특별 찬양이 있겠습니다. 찬양곡은 "기뻐 뛰며 노래하라"입니다.

3. 다음 주에 있을 예정이던 "평화와 화합을 위한 기도회"는 회원들의 의견 충돌로 무기한 연기되었습니다.

4. 오는 토요일에는 여선교회 주최로 각 가정에서 필요 없는 물건들을 가져와 싸게 판매하는 세일 판매를 가질 예정입니다. 잊지 마시고 남편들을 꼭 데리고 나오시기 바랍니다.

5. 오늘 아침 갑자기 김 장로님의 소천 소식을 들었습니다. 다 같이 유족을 위로해 주시기 바랍니다. 그럼 다 같이 일어나셔서 마지막 찬송 "이 기쁜 소식을 온 세상 전하세"를 부르시겠습니다.

__시험문제

어느 고등학교 시험시간에 독일의 철학자 중 "신은 죽었다"라고 주장한 철학자를 묻는 주관식 문제가 나왔습니다. 전교 1등을 하는 학생은 "니체"라고 정답을 기록하였습니다. 그 옆에서 한 학생이 커닝을 하면서 잘못 보고 이렇게 적었습니다.

"나체."

그 옆의 꼴등하는 학생이 커닝을 하면서 나체라고 하면 탄로 날 것 같아서
이렇게 적었습니다.
"누드."
그 옆의 학생은 이렇게 적었습니다.
"알몸."

__투신자살

한강의 한 다리는 사람들이 너무 많이 투신자살을 하는 곳입니다. 그래서
경찰이 날마다 지키고 있었습니다. 그날도 어떤 사람이 투신자살을 하려고
하였습니다. 경찰이 숨어 있다가 잡았습니다. 그리고 말했습니다.
"이 자리에서 날마다 투신자살하는 작자가 너구나."

__정신병동

정신병동에서 한 정신병자가 책을 읽고 있었습니다.
의사가 지나가면서 물었습니다.
"무슨 책을 보나요?"
"인물전이요. 그런데 이 책엔 사람 이름만 나오지 이야기가 없어요."
의사가 무슨 책인가 하고 보니 그는 전화번호부를 들고 있었습니다.

__발 냄새

발 냄새가 지독히 나는 총각과 입 냄새가 지독히 나는 처녀가 결혼을 하였

습니다. 제주도로 신혼여행을 떠나서 신랑이 먼저 샤워를 하러 들어갔습니다. 그는 양말을 한 쪽에 벗어 놓고 들어갔습니다. 샤워를 하고 나와서 신부를 보니 입 냄새가 코를 찔렀습니다. 신랑이 말했습니다.

"너 내 양말 먹었지?"

__코끼리의 보훈

어떤 사람이 아프리카 정글을 탐험하고 있었습니다. 코끼리가 넝쿨에 걸려 꼼짝 못하고 있었습니다. 그는 넝쿨을 모두 거두어 주었고, 코끼리는 자유롭게 되었습니다. 몇 년 후 싱가포르 여행을 하게 되었습니다. 그는 코끼리 쇼 구경을 갔습니다. 3,000원짜리 3등석 표를 사 가지고 들어갔습니다. 그런데 갑자기 코끼리가 오더니 자기를 코에 말아서 3만 원짜리 일등석으로 옮겨 주었습니다. 알고 보니 그 코끼리는 자기가 살려 준 아프리카 코끼리였습니다.

__손가락

어떤 사람이 음식을 먹는데 다섯 손가락 모두에 가루를 묻혀 가면서 식사를 하였습니다. 옆의 사람이 물었습니다.

"당신은 왜 다섯 손가락을 사용하나요?"

그 사람이 말했습니다.

"내 손가락이 여섯 개가 아니라서."

__대장부 일구이언

모임에서 만난 사람에게 물었습니다.

"연세가 몇 이세요?"

"46세요."

"10년 전에 물어 보았을 때에도 46세라고 그러신 거 같은데요."

그 남자가 말했습니다.

"나도 남자요. 남자가 일구이언하면 안 되지요."

__어린 시절 모자

노인이 모자를 쓰고 지나가는데 아이들이 달려들어 모자를 벗겨 가지고 달아났습니다. 아무리 쫓아가도 아이들을 따라갈 수가 없었습니다. 노인은 포기하고 집으로 돌아왔습니다. 할머니가 물었습니다.

"여보! 모자는 어쨌어요?"

노인이 말했습니다.

"어린 시절이 생각났는지 아이들과 놀고 있어."

__나무 위에 길이 있나 해서

지혜로운 아이가 있었습니다. 다른 아이들이 늘 시기하였습니다. 어느 날 아이들이 지혜로운 아이를 놀려 주기로 모의하였습니다. 그 아이를 나무 위에 올라가게 한 뒤 신발을 가지고 도망가자고 하였습니다. 아이들이 말했습니다.

"너는 저 나무 위에 못 올라갈걸."

지혜로운 아이는 무슨 작전인지 알아차렸습니다.

"올라갈 수 있어."

그리고 신발을 나무 밑에서 벗었습니다. 아이들은 자기들 작전에 말려들고 있다고 속으로 웃고 있었습니다. 나무 밑에 가서 신발을 벗은 아이는 그 신발을 주머니에 넣고 유유히 나무 위로 올라갔습니다.

"너 왜 신발을 가지고 올라가니?"

아이들이 묻자 그가 웃으면서 대답하였습니다.

"나무 위에 길이 있을 것 같아서."

__결국 제자리로 갔구먼

한 여인이 달밤에 물을 길러 우물로 갔습니다. 우물을 들여다보니 그 속에 달이 빠져 있었습니다. 여인은 달을 건지려고 두레박을 우물 속으로 던졌습니다. 그런데 두레박이 돌에 걸려 잘 나오지 않았습니다. 그녀는 힘껏 당겼습니다. 두레박이 튕겨 올라오면서 여인의 등을 쳐서 쓰러졌습니다. 그녀는 넘어진 채로 하늘을 보니 달이 걸려 있었습니다. 여인이 외쳤습니다.

"힘들기는 하였지만 결국 달이 결국 제자리로 갔구먼."

__씨도 함께 팔았지

한 남자가 종려 열매를 사 가지고 와서 아내와 같이 먹고 있었습니다. 어떻게 맛이 있는지 꿀맛이었습니다. 그는 아내보다 한 개라도 더 먹으려고 씨를 빼내지 않고 삼켰습니다. 아내가 물었습니다.

"여보, 왜 씨까지 먹어요?"

그 남자가 말했습니다.

"상관없어. 파는 사람도 씨까지 팔았어."

_맛이 같아

포도원을 가지고 있는 부자가 포도를 한 마차 수확해서 돌아오는 길이었습니다. 동네 아이들이 몰려와서 말했습니다.

"포도 좀 주세요."

주인은 마차에서 내려서 한 알씩 주었습니다. 아이들이 아쉬운 표정으로 물었습니다.

"겨우 한 알이에요?"

주인이 말했습니다.

"여기 있는 포도는 한 알을 먹든 한 송이를 먹든 맛이 다 똑같아."

_이미 속았잖아?

자기가 제일 똑똑하다면서 절대로 속지 않는다고 거드름을 피우는 아이가 있었습니다. 어느 날 그 아이를 골탕 먹이기로 작정한 친구가 말했습니다.

"너 정말 아무에게도 속지 않니?"

"그럼."

"그러면 여기 잠깐 기다리고 있어 봐. 너를 속일 친구를 한 명 데리고 올게."

"그래."

그는 자신 있게 말했습니다. 그런데 4시간이 지나도 오지 않았습니다. 꼼짝하지 않고 기다리는데 다른 친구가 지나가다가 물었습니다.

"너 여기 왜 서 있니?"

"나를 속일 친구를 데리고 온다고 서 있으래."

그 친구가 말했습니다.

"넌 이미 속은 거네."

__대문을 왜 등에 짊어졌니

엄마가 장에 가면서 아들에게 말했습니다.

"아들아, 대문을 꼭 지켜야 한다."

아들은 그렇게 하겠다고 대답하였습니다. 그런데 엄마가 장에 가서 다른 일이 생겨 늦어졌습니다. 점심이 지나 저녁이 되어도 엄마는 돌아오지 않았습니다. 아들은 배가 무척 고팠습니다.

엄마가 장에서 일을 보고 있는데 아들이 대문을 뜯어서 등에 짊어지고 오고 있었습니다.

"너 왜 대문은 떼어 가지고 오니?"

아들이 대답하였습니다.

"엄마가 대문을 꼭 지키라고 하셨잖아요."

__꼽냐

한 남자가 길을 걸어가는데 깡패들이 나타나서 째려보면서 물었습니다.

"꼽냐?"

그 남자는 무슨 말인지 몰라서 대답하였습니다.

"꼽다."

그는 되게 맞았습니다. 그리고 또 물었습니다.

"꼽냐?"

그는 신중하게 대답하였습니다.

"아니 꼽다."

그는 또 되게 매를 맞았습니다.

_거짓말

이떤 사람이 사정이 급하여 고리대금을 썼습니다. 고리대금업자는 그가 갚아야 할 돈을 제 날짜에 갚지 못하자 매일 찾아왔습니다. 그는 너무나 귀찮아서 문을 열어 주지 않았습니다. 고리대금업자는 밖에서 소리를 질렀습니다.

"좋아, 자네를 법정에 고발하겠네."

"마음대로 하시지요. 그런데 법정에 옷이 없어서 못 가겠으니 외투 하나 빌려 주시오."

"그야 빌려 줄 수 있지."

"그런데 법정에 가면서 걸어갈 수 있나요. 당신은 나귀가 많으니까 나귀도 한 마리 빌려 주시오. 재판이 끝나고 나면 모두 돌려 드리겠습니다."

고리대금업자는 할 수 없이 옷과 나귀를 빌려 주었습니다.

재판이 벌어졌습니다. 돈을 빌린 사람이 재판장에게 말했습니다.

"저 사람은 거짓말쟁이입니다. 한번 증명하여 드리지요. 저 사람은 제가 입고 있는 옷도 자기 옷이라고 말할 것입니다."

이 말이 떨어지자마자 고리대금업자가 소리를 질렀습니다.

"그러면 그 옷이 내 옷이 아니고 누구 옷이란 말이요?"

그 사람이 또 말했습니다.

"저 사람은 제가 타고 온 나귀도 자기 것이라고 말할 것입니다."

고리대금업자가 소리를 질렀습니다.

"내가 빌려 준 것이잖아?"

재판장이 소리를 질렀습니다.

"나쁜 사람이구나. 당장 나가라."

재판이 끝나고 고리대금업자는 쫓겨나고 말았습니다.

__자네가 대신 받게

친구가 화가 난다고 한 남자를 발길로 걷어찼습니다. 화가 나서 고발하였
더니 재판장이 그의 친구였습니다. 재판장은 이렇게 판결하였습니다.

"벌금 3,000원."

그리고 도망가라고 윙크를 하였습니다. 발로 찬 이가 도망을 가 버렸습니
다. 조금 기다려도 오지 않자 그는 무슨 일이 일어났는지 알았습니다. 그는
앞으로 가더니 재판장을 발로 걷어차면서 말했습니다.

"당신 친구에게 나 대신 벌금을 받으시오."

__팬티도 주시오

왕이 그 나라에서 가장 담력이 강한 사람을 뽑고 있었습니다. 모두 불합격
하였습니다. 그런데 한 남자가 와서 말했습니다.

"저는 뽑힐 자신이 있습니다."

그는 두 팔을 벌리고 섰습니다. 그리고 친구에게 자기를 향하여 화살을 쏘라고 하였습니다. 한 발은 바짓가랑이 사이에 박히고, 한 발은 겨드랑이 밑에 꽂혔습니다. 그리고 한 발은 머리 바로 위에 박혔습니다. 감탄한 왕이 말했습니다.

"정말 담력이 강하다. 겉옷을 모두 다시 입혀 궁궐로 데리고 가라."

그때 그가 말했습니다.

"왕이시여, 팬티도 주옵소서."

"왜 그러느냐?"

"오줌똥을 쌌나이다."

__고기 냄새

고기 사 먹을 생각은 엄두조차 못 내는 가난한 사람이 시장을 지나가고 있었습니다. 마침 음식점에서 고기를 굽고 있었습니다. 그는 굽는 냄새가 너무 좋아 입맛만 다시면서 냄새를 맡고 있었습니다. 주인이 나오더니 소리를 질렀습니다.

"고기값 내시오."

"냄새만 맡았는데요."

"그럼 고기 냄새 값이라도 내시오."

둘은 싸우다가 결국 재판장에게 가게 되었습니다. 재판장은 가난한 사람을 향하여 있는 돈을 모조리 내놓으라고 하였습니다. 할 수 없이 그는 얼마 안 되는 돈을 내놓았습니다. 재판장은 그 돈을 음식점 주인에게 주라고 하였습니다. 음식점 주인은 좋아서 돈을 받았습니다. 그때 재판장이 말했습니다.

"냄새만 맡고 도로 주어라."

__개똥

개가 길거리에다 똥을 싸고 사라졌습니다. 양쪽 집 두 주인이 서로 당신 집에 가까운 곳에 똥을 쌌다며 서로 치우라고 싸움이 벌어졌습니다. 드디어 법정까지 가게 되었습니다. 서로 상대방이 치우라고 주장하였습니다. 그때 재판장 친구가 들어왔습니다. 재판장은 그 친구에게 말했습니다.

"자네가 판결하여 보게."

그 친구는 거침없이 말했습니다.

"그 개똥은 두 사람 다 치울 의무가 없습니다. 개가 그 똥을 공용 땅 위에 싸고 도망쳤기 때문입니다. 그러므로 공무원이 치워야 합니다. 여기 공무원은 재판장밖에 없습니다. 그러므로 재판장이 치워야 합니다."

__책 읽는 당나귀

왕이 너무나 사랑하는 신하가 있었습니다. 그는 지혜로웠기 때문에 왕도 그에게 늘 자문을 구하곤 하였습니다. 어느 날 왕궁에 신하들이 모였는데 그 신하만 나오지 않았습니다. 다른 신하들은 기회가 왔다고 손뼉을 치며 그를 모함하기로 하였습니다. 그래서 한 신하가 이렇게 말했습니다.

"왕이시여! 그는 당나귀에게도 글을 읽힐 수 있다고 합니다."

왕은 호기심이 나서 그 사랑하는 신하를 불러서 3개월 여유를 줄 테니 당나귀에게 글을 읽게 하여 끌고 오라고 명령하였습니다. 지혜로운 신하는 다른 신하들이 자기를 모함한 것을 알았습니다. 그러나 어쩔 수 없었습니다. 그는 곰곰이 생각하였습니다. 그리고 나귀를 3일 동안 굶겼습니다. 책장 사이사이에는 곡식을 넣어두었습니다. 그리고 나귀에게 주었습니다. 배고픈 나귀는 곡식을 찾아 먹으려고 책장을 하나하나 넘기면서 곡식알을 먹었습니다. 신하는 이런 식으로 나귀를 계속 훈련시켰습니다.

드디어 3개월이 지났습니다. 그는 왕 앞으로 불려 나갔습니다. 나귀를 3일 동안 굶긴 후에 끌고 갔습니다. 그리고 곡식알을 넣지 않은 책을 주었습니다. 책장을 넘겨도 먹을 것이 없자 나귀는 한 장씩 넘기면서 소리를 지르기 시작하였습니다. 꼭 책을 읽는 것 같았습니다.

신하들이 빈정대느라고 말했습니다.

"우리는 나귀가 책 읽는 소리를 전혀 이해할 수가 없네요."

지혜로운 신하가 말했습니다.

"나는 당신들을 더 이해할 수 없네요. 당신들이 저 소리를 알아들으려면 당신들이 나귀가 되어야 하지요."

__빨리빨리

성질 급한 사람이 국수집을 들어서자마자 말했습니다.

"빨리 가져와요. 빨리 가게."

종업원이 국수를 빨리 갖다 주면서 말했습니다.

"빨리 먹어요. 빨리 치우게."

손님은 화가 나서 집으로 돌아와 아내에게 화풀이를 하였습니다. 아내는 화가 나서 이혼을 하였습니다. 그리고 그날 밤 안으로 옆집 홀아비와 재혼하였습니다. 이튿날 아침 그 남자가 말했습니다.

"빨리 이혼해요."

"왜요?"

그 남자가 말했습니다.

"하룻밤 자고 났는데도 아이를 못 낳잖아요."

__머리가 좋아지는 머리

두 친구가 여행을 하다가 외진 길가 식당에 들렀습니다. 마침 생선 한 마리
밖에 남지 않았습니다. 한 친구가 다른 친구에게 말했습니다.

"생선은 머리가 맛있고 영양가도 더 있어."

"아니, 생선 머리가 무엇이 맛있다고 그래?"

그가 이렇게 대답하였습니다.

"생선은 머리가 가장 중요한 부위야. 생선 눈을 먹으면 눈이 좋아지고, 귀
를 먹으면 귀가 잘 들리고, 혀를 먹으면 유창한 웅변가가 되고, 골을 먹으
면 아무리 바보라도 똑똑해진다고. 그 이상 무엇을 바라겠는가?"

그는 이렇게 말하면서 생선 몸통은 자기가 빨리 먹어치우고 친구에게는 생
선 머리를 주었습니다. 생선 머리를 모두 뜯어 먹고 난 친구가 아무리 생각
해도 찜찜해서 말했습니다.

"자네 혹시 내가 생선 토막을 먹을까 두려워서 수작을 부린 것은 아니지?"

친구는 웃으면서 말했습니다.

"생선 머리를 먹더니 금방 머리가 좋아졌구나!"

__강의

대학에서 교수가 강의를 하면서 학생들에게 물었습니다.

"여러분 내가 강의할 것이 무엇인지 아나요?"

학생들은 모른다고 대답하였습니다. 교수가 말했습니다.

"그것도 모르는 학생들에게 내가 어떻게 강의를 합니까?"

그러고는 그냥 나가 버렸습니다.

교수는 다음 시간에 들어와서 학생들에게 다시 물었습니다.

"여러분 내가 강의할 것이 무엇인지 아나요?"

학생들은 교수가 나갈 것 같아서 이렇게 대답하였습니다.

"압니다."

교수가 말했습니다.

"다 아는데 무엇 하러 강의를 합니까?"

그러고는 또 나가버렸습니다.

다음 시간에 교수가 또 들어와서 물을 것을 생각하고 학생들은 반은 모른다고 대답하고, 반은 안다고 대답하기로 정하였습니다. 다음 시간, 교수가 들어와서 똑같은 질문을 하였습니다.

"여러분 내가 강의할 것이 무엇인지 아나요?"

학생들 중 반은 안다고 대답하고 반은 모른다고 대답하였습니다. 교수가 말했습니다.

"모르는 학생은 아는 학생에게 물어보세요."

그러고는 나갔습니다.

__설교자

설교자가 강대상에 올라가서 설교를 하려는데 도무지 설교 내용이 떠오르지 않았습니다. 그래서 솔직하게 말했습니다.

"설교할 내용을 잊어버렸습니다."

그때 한 사람이 소리를 질렀습니다.

"설마 강대상에서 내려올 생각은 잊어버리지 않았겠지요?"

__노아의 방주 비둘기

선생님이 학생들에게 질문을 하였습니다.
"노아의 방주에 감람나무 가지를 가지고 온 비둘기가 암컷일까요, 수컷일까요?"
학생들이 대답하였습니다.
"모르겠습니다."
선생님이 대답하였습니다.
"수컷이에요."
"왜 그런가요?"
"암컷이라면 그렇게 오랫동안 입을 다물고 있을 수 없으니까."

__하늘에서는 무엇을 먹나요

교회에서 주일학교 선생님이 말했습니다.
"예수님이 하늘로 올라가셨지요?"
학생들이 물었습니다.
"그러면 예수님은 하늘에서 무엇을 먹고 계실까요?"
선생님이 말했습니다.
"너희들은 나와 오랫동안 지내면서 내가 무엇을 먹고 사는지 한 마디 물어본 적이라도 있니? 나에게는 그렇게 관심이 없으면서 하늘로 올라간 예수님이 무엇을 잡수시든지 무슨 상관이냐?"

__너무 깜깜하여서

한 남자가 친구 집에서 자게 되었습니다. 둘은 저녁을 같이 먹고 침실에 누웠습니다. 칠흑같이 어두운 밤이었습니다. 친구와 오랜만에 나란히 누워 이 이야기 저 이야기하다가 주인 친구가 찾아온 친구에게 말했습니다.

"여보게, 너무나 어두우니 오른쪽에 있는 초를 좀 주게나."

찾아온 친구가 말했습니다.

"자네 정신이 있나? 이렇게 어두운 밤에 오른쪽이 어디인지 어떻게 아나?"

__기도와 찬송

바람이 몹시 부는 날, 한 여행객이 여관을 찾아 하룻밤 투숙하게 되었습니다. 그런데 세찬 바람에 여관 창문이 흔들리는 통에 잠을 잘 수가 없었습니다. 그래서 여관 주인에게 말했습니다.

"주인장, 이렇게 건물이 흔들리니 잠을 잘 수가 없습니다."

주인이 말했습니다.

"건물이 하나님께 기도드리는 소리입니다."

여행객이 말했습니다.

"나도 알아요. 그런데 건물이 기도하다가 갑자기 찬송을 부를까 두려워서 하는 말이요."

__나를 안 깨우고

한 나그네가 여행 중에 여관에서 머물게 되었습니다. 마침 검은 모자를 쓴 신부도 같이 머물게 되었습니다. 그 여행객은 주인에게 말했습니다.

"내일 아침 6시에 깨워 주시오."

주인이 깨우자 그는 허겁지겁 일어났습니다. 그는 얼떨결에 신부 모자를 쓰고 나왔습니다. 냇가에서 세수를 하려다가 물에 비친 모자를 쓴 자기 모습을 보고 말했습니다.

"이놈의 주인이 깨우라는 나는 안 깨우고 신부를 깨웠구먼."

__죄 없는 자가 돌로 치라

미국의 유명한 찰스 스윈돌 목사의 이야기입니다. 목사님은 주일 설교를 하면서 이렇게 말했습니다.

"우리 크리스천들은 누구보다 앞장서서 질서를 지켜야 합니다. 교통신호도 정확하게 지키십시오."

예배가 끝나고 집으로 돌아가는 길에 목사님은 딴생각에 골몰하였습니다. 그래서 신호가 빨간 불인지도 모르고 횡단보도를 건넜습니다. 가다 보니 신호위반을 하고 있었습니다. 온 교인들이 보고 있었습니다. '설교하고 나서 금장 자기부터 어기시네.' 목사님은 순간적으로 교인들이 이렇게 생각할 것을 상상하니 너무나 부끄러웠습니다. 그래서 빨리 집으로 돌아왔습니다. 얼마 후 전화가 걸려왔습니다.

"목사님! 조금 전에 교통위반 하셨지요?"

그래서 목사님은 다음 예배 시간 때 이렇게 쓴 종이를 가슴에 달고 올라갔습니다.

"나는 죄인이다."

교인들은 박장대소를 하며 배꼽을 잡고 웃었습니다. 교인들을 조금 웃게 한 후 목사님은 갑자기 뒤로 돌아섰습니다. 뒤에는 또 다른 글이 걸려 있었습니다.

"너희 중에 죄 없는 자가 먼저 돌로 치라."

_잘난 체하는 참새

참새들이 포수 때문에 많이 죽어나갔습니다. 참새들은 더 이상 당할 수만은 없다고 여기며 모두 하나씩 방탄조끼를 장만하였습니다. 예전처럼 포수가 총을 몇 방 쏘았으나, 모두 무사하였습니다. 참새들은 신나게 어깨동무를 하며 단체응원을 하였습니다.

"야야~ 야야야야~ 야야야야 야야야~"

그 순간 열 받은 포수가 기관총을 갖고 와서 드르르륵 하고 쏘아댔습니다. 모두 무사한 줄 알았습니다. 그런데 한 마리가 죽었습니다. 원인을 알아보았습니다. 다들 열심히 노래하며 응원할 때였습니다. '꽃바구니 옆에 끼고 나물 캐는 아가씨야.' 그런데 참새 한 마리가 방탄조끼를 열었다 젖혔다 하며 응원을 하다가 그만 총에 맞은 것이었습니다.

_어려운 시험

항상 부인의 사진을 지갑에 넣고 다니는 남자가 있었습니다. 아내는 남편이 너무 고마워 남편에게 이유를 물었습니다.

"당신은 왜 항상 내 사진을 지갑 속에 넣고 다녀요?"
남편이 말했습니다.

"아무리 골치 아픈 일이 있어도 당신 사진을 보면 씻은 듯이 잊게 되거든."
아내가 행복해서 말했습니다.

"내가 그렇게 힘을 줄 수 있다니 너무 행복해요."
남편이 웃으며 말했습니다.

"그게 아니라 당신 사진을 볼 때마다 난 생각하지. 세상에 이보다 더 큰 골치 아픈 문제가 어디 있을까? 그러니 이까짓 문제쯤이야 참자."

__영화 페노메논

죽을병에 걸린 남자가 애인에게 물었습니다.

"내가 죽을 때까지 나를 사랑해 주겠소?"
여자가 대답하였습니다.

"아니요."
짧은 침묵이 흐른 뒤 여자는 웃으면서 말을 이었습니다.

"내가 죽을 때까지 당신을 사랑할 거예요."

__아담과 이브

하나님과 아담이 에덴동산을 거닐며 대화를 나누었습니다. 아담이 하나님께 물었습니다.

"하나님, 이브는 정말 예뻐요. 어쩜 그렇게 예쁘게 만드셨어요?"
"그래야 네가 늘 그 애만 바라보지 않겠니."

아담이 다시 하나님께 물었습니다.

"그런데 하나님, 이브는 좀 멍청한 것 같아요. 왜 그렇게 만드셨어요?"

하나님이 말씀하셨습니다.

"바보야, 그래야 그 애가 널 좋아할 거 아니냐."

__소원

어느 부부가 소원이 이루어진다는 우물을 찾아갔습니다. 남편과 아내는 우물에 동전을 던지며 기도하였습니다. 각자 자기 기도제목을 묵상으로 기도하였습니다. 조금 뒤 우물 안에서 큰 다이아몬드 반지가 떠올랐습니다. 아내가 말했습니다.

"응답이 직통이네."

아내는 신기해서 손을 뻗으려 하였습니다. 그때 우물 속으로 떨어져 익사하고 말았습니다. 그때 남편이 말했습니다.

"응답이 직통이네."

__이혼

어느 노부부가 변호사 사무실을 찾아와 이혼 소송을 의뢰했습니다. 변호사가 두 사람의 나이를 물어보니 남편은 90세이고, 부인은 85세였습니다. 변호사가 다시 물었습니다.

"이렇게 오랫동안 함께 사셨는데 어째서 이혼을 하시려는 건가요?"

부인이 대답했습니다.

"그동안에 우리 아이들이 상심할까 봐 미뤘는데 이제 아이들이 모두 죽었어요."

__조련사

한 신문기자가 서커스의 맹수 다루기 달인을 찾아와서 인터뷰를 하였습니다.

"사자나 호랑이 같은 맹수가 어째서 달려들지 않죠? 당신처럼 자그마하고 삐삐 마른 분에게 왜 꼼짝 못 하는 것일까요?"

조련사가 이렇게 말했습니다.

"아, 그건 이유가 있겠죠. 내가 통통하게 살이 오르길 기다리는 것이겠지요."

__좌석버스

학업을 마치고 집으로 돌아가려고 버스를 기다리던 학생이 주머니를 뒤지더니 깜짝 놀랐습니다. 500원밖에 없었습니다. 그렇다고 걸어갈 수도 없었습니다. 그는 버스를 타고 기사 아저씨에게 사정을 말하기로 했습니다. 마침 버스에는 손님이 한 사람도 없이 텅텅 비어 있었습니다. 조금은 마음이 편했습니다. 그는 쭈뼛거리며 기사 아저씨에게 말했습니다.

"아저씨, 지금 500원밖에 없는데요."

그러자 그 운전기사 아저씨가 말했습니다.

"그래? 그럼 서서 가!"

_엽기 변종 비아그라

1. 불임부부를 위한 획기적인 약 – 애배그라
2. 밥을 잘 안 먹는 아이들의 식용을 돋워 주는 약 – 밥묵그라
3. 새로운 변비 치료제 – 또싸그라
4. 성적을 쑥쑥 올려주는 두뇌 활성제 – 올리그라
5. 불면증 환자를 위한 수면제 – 푹자그라

_개 다루기를 좋아하는 임금

임금의 애완견은 고개를 끄덕거리기만 하고 도리질은 못했습니다. 임금은 개가 도리질을 하게 하는 사람에게 상금을 주겠다고 방을 붙였습니다. 모두가 하지 못하였습니다. 그런데 한 남자가 나타났습니다. 그 남자는 가방에서 벽돌을 꺼내어 개의 얼굴을 때렸습니다. 개는 비명을 질렀습니다. 그때 그 남자가 개에게 물었습니다.

"또 해줄까?"

개가 도리질을 하였습니다. 남자는 상금을 타고 돌아갔습니다.

충격을 받은 개는 계속 도리질만 했습니다. 임금은 이번에는 개를 끄덕끄덕 거리게 만드는 자에게 상금을 주겠다고 방을 붙였습니다. 모두가 시도하였으나 실패하였습니다. 그러자 상금을 타 간 남자가 이번에도 또 나타났습니다. 그리고 개에게 말했습니다.

"너 나 알지?"

개는 끄덕끄덕하였습니다. 그 남자는 또 상금을 타서 돌아갔습니다.

_정답은 의외로 쉽네

한 젊은이가 어느 날 밤하늘에 있는 별을 세어 보았습니다. 다 셀 수가 없었습니다. 별이 모두 몇 개인지 궁금해진 그는 별이 다 사라질 때까지 세어 보았지만 정확하게 알 수가 없었습니다. 그는 하는 수 없이 유명한 천문학자를 찾아갔습니다.

"선생님, 하늘의 별은 모두 몇 개일까요? 가르쳐 주세요."

그러면서 그는 하루 종일 천문학자를 졸라댔습니다. 천문학자는 귀찮아서 한 마디 했습니다.

"젊은이, 그만두게."

그 말을 들은 젊은이는 좋아서 어쩔 줄을 몰라 했습니다. 별이 9만 2개인 것을 알았기 때문입니다.

_사투리를 못 고치니

시골에서 서울의 대학교로 딸을 유학 보낸 아버지는 논밭을 다 팔았습니다. 그것으로 딸의 학자금을 충당한 것입니다. 여름방학이 되자 딸은 성숙한 여대생의 모습으로 고향집에 찾아왔습니다. 아버지에게 큰절을 한 딸이 갑자기 큰 소리로 울기 시작했습니다.

"엉엉 아부지예, 지가 홀몸이 아니구먼유."

그 말을 들은 아버지는 화가 치민 나머지 딸의 뺨을 때렸습니다. 그러고는 분이 풀리지 않은 목소리로 소리쳤습니다.

"내가 뼈 빠지게 고생해서 서울로 유학까지 보냈는데, 아직도 사투리를 못 고쳤단 말이냐?"

_부부싸움

어느 부부가 부부싸움을 하였습니다. 남편이 몹시 화가 났습니다. 화가 난 남편은 아내에게 소리를 질렀습니다.

"당장 나가 버려!"

아내도 화가 나서 벌떡 일어섰습니다.

"흥, 나가라면 못 나갈 줄 알아요?"

그러고는 집을 나가 버렸습니다. 그런데 잠시 후 아내가 다시 집으로 들어왔습니다. 아직도 화가 풀리지 않은 남편은 왜 다시 들어왔느냐고 소리를 질렀습니다.

"나에 가장 소중한 것을 두고 갔어요."

"그게 뭔데?"

"바로 당신이요!"

_할아버지 좀 깨울래

한 할아버지가 친구 할아버지를 만나러 갔더니 유치원 다니는 손자가 있었습니다.

"할아버지 계시냐?"

아이가 말했습니다.

"우리 할아버지 주무세요."

말하는 것이 너무 예뻐서 또 물었습니다.

"좀 깨울래?"

아이가 말했습니다.

"우리 할아버지 깨우면 지랄해요."

__문자 메시지

목사님이 한 성도에게 문자 메시지를 보냈습니다.

"좋은 주말 보내세요."

그 성도도 목사님에게 문자 메시지를 보냈습니다.

"목사님도 좋은 주말 보내세요."

그런데 목사님의 "ㅁ"을 모르고 빼먹었습니다.

"목사 니도 좋은 주말 보내세요."

__확대경

부산에 사는 한 노인이 서울에 사는 아들에게 전화를 걸었습니다.

"우리 이혼한다."

"그게 무슨 말씀이세요?"

"지긋지긋해서 같이 못 살겠다. 네가 대전 누이에게 알려줘라."

동생에게 이 말을 들은 누이는 발끈해서 당장 부모님께 전화를 걸었습니다.

"이혼은 안 돼요. 우리가 갈 때까지 그냥 계세요."

그러자 노인은 수화기를 내려놓으며 옆에 있는 할머니에게 말했습니다.

"이제 됐어 여보. 애들, 우리 결혼기념일에 올 거야."

__처제, 웬일이야

날마다 맥주와 소주를 마시다가 술 중독자가 된 사람이 결국에는 정신이상자가 되었습니다. 이 사람은 맥주병만 보면 "마누라!"라며 감탄하였습니다. 그래서 정신병원에 입원을 시켰으나, 그는 술이 마시고 싶어서 매일같이 퇴원을 요구하였습니다. 의사가 말했습니다.

"맥주병을 마누라라고 부르지 않고 맥주병이라고 말하면 퇴원시켜 드리겠습니다."

어느 날 의사가 맥주병을 들고 왔습니다,

"이게 무엇입니까?"

환자가 말했습니다.

"맥주병입니다."

의사가 말했습니다.

"이제 당신은 퇴원할 수 있습니다,"

그 정신병자가 퇴원 수속을 하고 있는데, 한쪽 구석에 빈 소주병이 뒹굴고 있는 것이 보였습니다. 그 정신병자는 반가운 듯이 달려가 말했습니다.

"처제가 여긴 웬일이야?"

__목사님, 무슨 짓을 하셨기에

방탕한 청년이 있었습니다. 목사님이 근심스러운 얼굴로 청년에게 말했습니다.

"여보게, 우리 천국에서 만나지 못하게 될까 두렵네."

그 청년이 목사님에게 말했습니다.

"목사님! 도대체 무슨 짓을 저질렀기에 천국에 못 가십니까?"

__본받는 어린이

한 아이가 엄마와 아빠가 싸우는 모습을 보면서 자랐습니다. 아빠는 엄마에게 늘 "이년"이라고 욕을 하였고, 엄마는 아빠에게 "이놈"이라는 말을 자주 했습니다. 어느 날 부부가 서로 싸우며 욕을 하고 있는데 이를 지켜보던 아이가 물었습니다.

"아빠! 이년이 무슨 말이야?"

갑작스러운 질문에 아빠는 당황하며 말했습니다.

"응, 그…그게… 그래! 어른들이 여자를 부를 때 하는 소리야."

아이는 다시 엄마에게 물었습니다.

"엄마, 이놈이 무슨 말이야?"

역시 엄마도 당황하면서 말했습니다.

"그러니까 그게… 어른들이 남자를 부를 때 하는 소리란다."

아이가 할머니 집에 놀러가서 할머니에게 말했습니다.

"할머니! 아빠 엄마가 이년, 이놈 그랬어요."

이 말을 듣고 할머니가 이렇게 말했습니다.

"지랄들 하고 자빠졌네!"

아이가 할머니에게 다시 물었습니다.

"할머니! 지랄들 하고 자빠졌네가 무슨 말이야?"

할머니 역시 손자의 갑작스러운 질문에 당황하며 말했습니다.

"으~~응, 그게 말이지… 잘했다고 박수 친다는 소리란다."

얼마 후 아이가 유치원을 들어갔습니다. 아이는 많은 학부모님들이 지켜보는 가운데 재롱잔치 사회를 보게 되었습니다. 재롱잔치가 끝난 뒤 아이가 단상에 올랐습니다. 아이는 꾸벅 절을 하면서 또랑또랑한 목소리로 이렇게 외쳤습니다.

"이 자리 오신 모든 년, 놈들! 다 함께 지랄하고 자빠집시다!"

__재미있는 이야기

두 명이 앉아서 대화를 나누고 있었습니다.

"제 어머님이 애를 낳았는데 제 형님도 아니고, 동생도 아니고, 누님도 아니더라고요."

"아니… 어떻게 자네 어머님이 그러실 수가… 도대체 그가 누군가?"

"글쎄, 그게 바로 접니다."

__평양 지하철에서

평양 지하철에서 두 사람이 대화를 나누고 있었습니다.

"동무, 안녕하십니까?"

"안녕하십니까?"

"혹시 동무는 당위원에서 일하십니까?"

"아니오!"

"그럼 혹시 친인척 중에 당위원에서 일하고 있는 분이 계십니까?"

"없습니다!"

"그렇다면 발 좀 치우지. 당신 지금 내 발을 밟고 있어!"

__착각

아담과 이브가 사과를 들고 있는 그림 한 폭이 미술관에 걸려 있었습니다.

영국인이 말했습니다.

"이들은 영국 사람입니다. 남자가 맛있는 것을 여자와 함께 먹으려고 하는 것을 보면 알 수 있소."

프랑스인이 말했습니다.

"저들은 프랑스 사람입니다. 누드로 산책하는 것을 보면 알 수 있죠."

북한 사람이 말했습니다.

"이들은 조선 사람입니다. 옷도 없고 먹을 것도 적은데 자기들은 천당에 있다고 착각하는 것을 보면 압니다."

__가장 따뜻한 바다

어느 부흥집회에서 강사가 성도들에게 물었습니다. "세상에서 가장 차가운 바다는 무슨 바다일까요?"

"썰렁해입니다."

"그러면 이 세상에서 가장?아름다운 바다는 어디일까요?"

"감사해입니다."

"그러면 이 세상에서 가장 따뜻한 바다는 어디일까요?"

성도들이 머뭇거리자 강사가 힌트를 주었습니다.

"바다를 넣고 만들어 보세요."한 교인이 소리를 질렀습니다.

"에이씨 열~~바다!"

__장수 비결

장수마을에 갔더니 105살의 어르신이 계셨습니다. 기자가 물었습니다.

"장수 비결이 무엇입니까?"

"안 죽으니깐 오래 살지!"

"올해 몇 살이세요?"

"다섯 살밖에 안 먹었어."

"네? 무슨 말씀이신지……."

"100살은 무거워서 집에 두고 다녀."

"낙천적이고 긍정적인 생각이 장수의 비결이란 얘기시군요."

그리고 105세 어르신과 시골 장터를 걷고 있었습니다. 앞에서 90세가 넘어 보이는 할머니가 걸어오고 있었습니다. 그래서 이렇게 말했습니다.

"어르신, 저 할머니 한번 사귀어 보시죠? 70은 넘어 보이고 예쁘신데요."

할아버지가 소리를 질렀습니다.

"뭐야? 이놈이…. 저 늙은 할망구 데려다 뭔 고생을 하라고."

기자는 마지막으로 물었습니다.

"할아버지! 진심으로 장수의 비결을 말해 주세요."

할아버지가 말했습니다.

"그거야 쉽지. 욕을 하든 말든 내버려뒀더니 다 씹다가 먼저 죽었어. 나 욕하던 녀석은 세상에 한 놈도 안 남았어."

"그리고 또 비결이 있나요?"

"있지. 누구도 부러워하지 않아. 재벌들도 다 죽었어. 권력가들도 다 죽었지. 부자는 회원권으로 살고, 가난한 사람은 회수권으로 살지. 부자는 맨션에서 살고, 가난한 사람은 맨손으로 살아. 부자는 사우나에서 땀 빼고, 가난한 사람은 사우디(사우디아라비아)에서 땀 빼는 거야. 부자는 헬스클럽에 다니고, 가난한 사람은 핼쑥한 얼굴로 다니지. 차라리 가난한 사람이 낭만적이고 살맛나는 거여."

_고양이가 성령님을

목사님은 성령이 비둘기같이 임하는 것을 교인들에게 실감나게 설명하고 싶었습니다. 그래서 강대상 바로 위의 지붕 위에 사찰을 올려놓고 비둘기를 주었습니다. 그리고 목사님이 성령이 비둘기같이 임하였다고 설교할 때 천정 구멍 사이로 비둘기를 내려 보내라고 시켰습니다. 토요일 오후까지 연습을 마쳤습니다. 드디어 주일이 되었습니다. 목사님이 설교가 한창 진행되고 있었습니다.
"예수님이 세례를 받으실 때 성령이 비둘기같이 임하였습니다."
그런데 사찰은 약속한 대로 비둘기를 날려 보내지 않았습니다. 목사님은 당황하여 다시 한 번 말했습니다.
"예수님이 세례를 받으실 때 성령이 비둘기같이 임하였습니다."
그래도 사찰은 비둘기를 내려 보내지 않았습니다. 이때 천장에서 사찰이 목사님에게 속삭이는 소리가 들렸습니다.
"목사님! 고양이가 성령님을 잡아먹었어요."

__장래 소망은?

고등학교 교실에서 선생님께서 학생들에게 장래 희망을 물어보셨습니다.

"영철이 커서 뭐 될래?"

"네, 저는 우주과학자가 되고 싶습니다."

"영숙이는?"

"저는 여자니까 애 낳고 평범하게 살래요."

"상용이는?"

"저는 그리 큰 꿈을 갖고 있지 않아요. 영숙이가 아이를 낳는 데 협력하고 싶어요."

__불공평한 아빠

아버지가 아들에게 물었습니다.

"아들아! 2에 2를 더하면 4다. 그러면 4에 4를 더하면 몇이지?"

아들이 말했습니다.

"그건 공평하지 못해요."

아버지가 이상하여 물었습니다.

"그게 무슨 말이니?"

아들이 말했습니다.

"아버지는 언제나 쉬운 것만 풀고, 저에게는 어려운 것만 풀라고 하시잖아요."

__호두빵

시골에서 올라오신 할머니에게 손자가 길에서 호두빵을 사 드렸습니다. 호두빵을 먹으면서 할머니가 호두빵 장수에게 물었습니다.

"여보게, 왜 호두빵 속에 호두가 안 들어 있나?"

호두빵 장수가 말했습니다.

"붕어빵 속에 붕어 든 것 보셨어요?"

__게으름대회

게으름뱅이 대회가 있었습니다. 입상자 세 명이 발표되었습니다.

3등 : 다음 주에 다시 수술한다고 환자의 수술한 곳을 열어 놓은 채로 놔
　　 둔 외과 의사.

2등 : 어차피 벗을 텐데 하고 집에서부터 옷을 벗고 동네 공중목욕탕에 가
　　 는 아저씨.

1등 : 강도한테 "손들지 않으면 쏜다!"라는 소리를 듣고도 귀찮아서 손을
　　 들지 않아 총에 맞아 죽은 은행원.

__밥통 두 개

산수 시간에 한 멍청이에게 선생님이 문제
를 냈습니다.

"1 더하기 1은 얼마지?"

"잘 모르겠는데요."

"넌 정말 밥통이구나. 그렇게 간단한 계산도 못 하다니. 예를 들면, 너하고

나하고 합치면 얼마나 되느냐 이 말이야."

"그거야 쉽지요."

"그래 얼마지?"

"밥통 두 개요."

_하나님이 다시 던졌나요

아버지와 아들이 해변을 걷고 있었습니다. 갈매기 한 마리가 죽어 있었습니다. 아들이 아버지에게 물었습니다.

"아빠! 저게 뭐예요?"

"응, 갈매기가 죽어서 하늘나라로 갔단다."

"그러면 하나님이 다시 던진 것이군요!"

_죽으면 시체

선생님이 학생들에게 물었습니다.

"이번 시간은 고체, 액체 공부를 합니다. 얼음은 고체일까요, 액체일까요?"

학생들이 대답하였습니다.

"네, 그대로 있으면 고체, 녹으면 액체입니다."

선생님이 다시 물었습니다.

"잘했어요. 그럼 달걀은요?"

학생들이 또 대답하였습니다.

"네, 겉은 고체, 속은 액체입니다."

선생님이 다시 물었습니다.

"오! 훌륭해요. 정확해요. 그럼 사람은요?"

학생들이 말했습니다.

"네, 살아 있으면 육체, 죽으면 시체입니다."

__죄수의 소원

어느 겨울 날 죄수의 사형일이 다가오고 있었습니다. 간수가 말했습니다.

"내일이 사형 날이다. 소원 하나를 들어주겠다."

"딸기가 먹고 싶소."

"지금은 겨울이라서 딸기가 없는데……."

"그렇다면 착한 제가 봄까지 기다려 드리겠소."

__생물 실험

생물 시험에 다음과 같은 문제가 나왔습니다.

"다음은 어떤 새의 발 모양인가?"

문제를 풀던 한 학생이 자리에서 일어났습니다. 그리고 선생님 앞으로 나가 이렇게 물었습니다.

"선생님, 도대체 발 모양만 보고 어떻게 새를 알아맞히란 말입니까? 얼굴이면 몰라도……."

선생님이 말했습니다.

"다른 사람은 다 알고 있어. 학생만 모르는 거야! 학생 이름이 뭔가?"

그 학생이 발을 교탁 위에 올리며 말했습니다.

"맞혀 보세요."

__기사와 손님

어떤 사람이 버스를 탔습니다.

"이 차 어디로 가나요?"

"앞으로 갑니다."

"뭐요? 여기가 어딘데요?"

버스 기사가 대답하였습니다.

"차 안입니다."

"지금 장난하는 겁니까?"

버스 기사가 태연히 말했습니다.

"운전하고 있습니다."

__금붕어

친구네 집에서 금붕어를 본 아이가 부러운 나머지 자기도 금붕어를 사고 싶었습니다. 그래서 가지고 있는 돈을 모두 털어서 붕어 가게로 갔습니다. 그리고 돈을 내밀면서 말했습니다.

"아저씨 금붕어 한 마리만 주세요."

"돈이 모자라는구나. 외상은 안 된다."

아이가 말했습니다.

"그럼 은붕어로 주세요."

__약속은 약속

한 나그네가 말을 타고 가면서 옆에는 염소 한 마리를 끌고 광야를 지나고 있었습니다. 폭풍이 불기 시작하였습니다. 어디론가 날아가 죽을 것만 같았습니다. 그는 이렇게 기도하였습니다.

"하나님! 저를 살려 주시면 말을 팔아서 바치겠습니다."

잠시 뒤 폭풍이 가라앉았습니다. 그는 약속은 약속이니 지켜야겠다고 생각하였습니다. 그때 마침 한 사람이 지나가다가 물었습니다.

"그 말 참 좋아 보입니다. 팔지 않겠습니까?"

나그네는 하나님께 약속한 것이 생각나서 팔겠다고 말했습니다.

지나가던 사람이 물었습니다.

"얼마요?"

나그네가 대답하였습니다.

"염소까지 끼어서 사야 팝니다."

"얼마요?"

나그네가 대답하였습니다.

"말은 3만 원이고요. 염소는 500만 원입니다. 합 503만 원입니다."

__산부인과 앞에서

산부인과 병원 복도에는 남편들이 아내가 아이 낳기를 기다리고 있었습니다. 조금 후 간호사가 나와서 말했습니다.

"일산에서 오신 분 한 명 낳았습니다. 쌍문동에서 오신 산모는 쌍둥이입니다. 삼양동에서 왔으니 세쌍둥이입니다. 사당동에서 오신 분 네 명 낳았습니다. 오류동에서 오신 분 다섯 명 낳았습니다."

그때 구의동에서 온 남편이 물었습니다.

"나는 구의동에서 왔는데 그럼 아홉 쌍둥이란 말이오?"

바로 옆에 있던 한 아빠가 기절을 했습니다. 옆에 있던 남자가 몸을 흔들면서 말했습니다.

"여보시오! 정신 차리시오!"

그가 말했습니다.

"나는 천호동에서 왔는데 정신 차리게 됐소?"

그런데 복도에 있던 한 남자가 죽었습니다. 알고 보니 그의 집은 만리동이었습니다.

__약국에서

손님이 와서 말했습니다.

"쥐약 좀 주세요."

"쥐가 아픈가 보죠?"

손님이 다시 물었습니다.

"마약 있나요?"

"말이 어디가 아픈가요?"

손님이 다시 물었습니다.

"우리 집 아기가 동전을 삼켜서 목에 걸렸는데 어떻게 하죠?"

주인이 말했습니다.

"조그만 게 돈 맛은 알아가지고……."

_5분 생활 영어

삼촌이 조카한테 생활 영어를 배웠습니다. 한 달 후 취직 시험을 치렀습니다.

"I am sorry가 무엇입니까?"

삼촌이 답안지를 썼습니다.

"나는 쏘리입니다."

다음 문제는 "How do you do"에 관한 해석이었습니다.

삼촌이 썼습니다.

"너 어떻게 그럴 수 있니?"

세 번째 문제는 "May I help you"이었습니다.

삼촌은 이렇게 답하였습니다.

"너 5월에 나를 도와줄래?"

마지막 문제는 "Yes I can"이었습니다. 삼촌은 대답은 이것이었습니다.

"네, 나는 깡통입니다."

_세계 제일

인도에서 가장 유명한 철학자는? 알간디 모르간디

일본에서 가장 지독한 사람은? 도끼로 이마까

일본에서 가장 마른 사람은? 비사이로 막가

일본 수도국장 이름은? 무라까와 쓰지마

프랑스에서 가장 불효막심한 아들은 : 에밀 졸라

__아들 삼형제

어머니가 아들 삼형제와 함께 살고 있었습니다. 모두 1, 2, 3학년이었습니다. 오늘따라 아이들이 도시락을 가지고 가지 않아 어머니는 도시락을 싸가지고 학교로 달려가서 큰아들을 불렀습니다.

"종철아!"

깜박 졸던 수위 아저씨가 놀라서 종을 쳤습니다. 어머니는 종철이가 대답을 하지 않자 둘째 아들을 불렀습니다.

"또철아!"

수위 아저씨는 또 종을 쳤습니다. 또철이도 대답을 하지 않자 어머니는 막내를 불렀습니다.

"막철아!"

수위 아저씨는 종을 막 쳤습니다.

__고추를 보았으니까

가을 고추밭에서 할머니가 일을 하고 있었습니다. 고추가 빨갛게 익었습니다. 지나가던 아이가 할머니에게 물었습니다.

"할머니! 고추가 왜 빨개요?"

"부끄러우니까 그렇지."

"왜 부끄러워요?"

"고추를 내놓고 있으니까."

그때 빨간 고추잠자리가 고추 위에 앉았습니다. 아이가 다시 물었습니다.

"그러면 왜 고추잠자리는 빨개요?"

"부끄러우니까 그렇지."

"왜 부끄러워요?"

"고추를 보고 있으니까."

__우산이 없으니까

한겨울에 이슬비가 내리고 있었습니다. 한 여자가 옷깃을 올리고 우산도 없이 천천히 걷고 있었습니다. 지나가던 남자가 물었습니다.

"낭만적이시군요. 겨울비를 즐기시나요?"

"아니요?"

"그럼 왜 우산을 안 쓰고 가세요?"

"우산이 없으니까요."

__노래를 부르다가 죽은 성악가

한 성악가가 있었습니다. 그 성악가는 악보대로 정확하게 부르는 사람으로 이름이 나 있었습니다. 그래서 웬만한 음악회에는 빠지지 않고 초청을 받았습니다. 이번에도 대통령이 참석하는 국민음악회에 출연을 교섭 받아 나가게 되었습니다. 작곡가도 이 성악가에게 줄 노래를 최선을 다하여 만들어 주었습니다. 이 성악가는 워낙 잘 부르는 사람이기 때문에 따로 연습이 필요 없었습니다. 드디어 이 성악가의 순서가 되자 성악가는 악보를 받아 들고 무대 위로 나갔습니다. 우레와 같은 박수 소리가 울려 퍼졌습니다. 성악가의 노래가 시작되자 사방이 고요해졌습니다. 성악가가 노래를 부르기 시작한 지 얼마쯤 지났을 때 갑자기 성악가가 그 자리에 쓰러지고 말았습니다. 이유는 악보에 숨표가 없었기 때문입니다.

__빨리 운전하지 말아요

술 취한 사람이 명동에서 택시를 타고 기사에게 말했습니다.
"명동으로 갑시다!"
기사가 말했습니다.
"여기가 명동인데요."
술 취한 사람은 얼른 만 원을 꺼내 주면서 말했습니다.
"좋아요. 하지만 다음번엔 이렇게 빨리 운전하면 안 돼요."

__자기 이론

이제 막 운전면허를 취득한 아들이 아버지에게 말했습니다. 아버지는 목사였습니다.
"아버지! 이제 저도 면허를 땄으니 차 좀 빌려 주시면 안 돼요?"
아버지는 잠시 무언가 생각하더니 말했습니다.
"그래, 좋다! 그러나 한 가지 약속을 하자! 네가 학교 성적을 끌어올리고, 조금씩 성경공부를 하고, 머리를 단정히 깎는다면 허락하마."
며칠이 지났습니다. 아들이 아버지에게 와서 차를 빌려 달라고 말했습니다.
"아버지! 오늘 차 좀 빌려 주세요!"
아버지가 웃으면서 말했습니다.

"아들아, 네가 정말 자랑스럽다. 학교 성적도 오르고 매일 성경공부도 열심히 하고, 그런데 머리는 아직도 깎지 않았구나."

아들이 이상한 미소를 띠며 말했습니다.

"제가 그동안 성경공부를 좀 했는데요. 아버지! 삼손이나, 모세, 그리고 결정적으로 예수님도 머리를 기르고 다니셨더라고요!"

아버지는 약간 미간을 찌푸리며 말했습니다.

"그렇지! 맞아. 그런데 말이야. 그분들은 어디든 두 발로 걸어 다니셨거든!"

_박 집사의 소원

박 집사는 평소에 오 집사가 너무나 괴롭혀서 괴로움을 당하고 있습니다. 어느 날 박 집사는 하나님께 간절히 기도를 드렸습니다.

"하나님! 저에게 세 가지 소원만 들어주십시오."

하나님께서 이렇게 말씀하셨습니다.

"네 소원을 들어주겠다. 그런데 조건이 있다. 내가 네게 주는 축복을 네가 미워하는 오 집사에게도 두 배로 나누어 주는 것이다."

박 집사는 너무 기뻐서 하나님께 고백했습니다.

"감사합니다. 하나님 기꺼이 그렇게 하겠습니다."

하나님이 물으셨습니다.

"그러면 첫 번째 소원은 무엇인가?"

"넓고 좋은 집 한 채를 제게 주십시오."

"그래, 너에겐 좋은 집 한 채를, 그리고 오 집사에겐 두 채를 주겠다. 그리고 두 번째 소원은?"

"저에게 10억 원을 주십시오."

"그래, 너에겐 10억 원을, 오 집사에겐 20억 원을 주겠다. 그리고 마지막 세 번째 소원은?"

박 집사가 하나님께 말했습니다.

"저의 신장 한 쪽을 기증했으면 합니다!"

_딸의 기도

무더운 여름 삼복더위에 남편이 술친구들을 초대하면서 말했습니다.

"우리 집에 가서 한잔 하자."

부인은 차마 손님들 앞에서 남편에게 불평을 할 수가 없었습니다. 그래서 땀을 흘리며 술상을 준비하였습니다. 식탁에 모두 둘러앉자 아내는 다섯 살 된 딸아이를 보고 말했습니다.

"오늘은 우리 예쁜 딸이 기도해 주겠니?"

딸이 말했습니다.

"엄마, 난 뭐라고 기도해야 하는지 몰라요!"

엄마가 말했습니다.

"아가야, 엄마가 기도하는 소리 들었잖아, 그대로 하면 되는 거야."

그러자 딸은 고개를 숙이더니 이렇게 기도하였습니다.

"오, 주여, 어쩌자고 이렇게 날씨가 더워 죽겠는 날에 사람들을 불러다가 술과 식사를 대접하게 하셨나이까?"

_성당의 박쥐

신부들이 모여서 점심을 먹으며 이야기를 나누었습니다. 한 신부가 말했습니다.

"나는 우리 성당의 박쥐들 때문에 골치가 아파요. 살충제를 뿌리고 고양이를 풀고 온갖 방법을 다 동원해도 박쥐를 잡을 수가 없어요."

다른 신부가 말했습니다.

"나도 그래요. 우리 성당 다락방에도 엄청나게 박쥐가 많지요. 불을 피워 연기를 가득 채웠는데도 그놈들은 꿈쩍도 하지 않아요."

그러자 또 다른 신부가 말했습니다.

"그래요? 우리 성당 박쥐들은 자진해서 쉽게 나가던데요. 요즘엔 한 마리도 안 보여요."

두 신부가 한 목소리로 물었습니다.

"어떻게 했는데요?"

다른 신부가 말했습니다.

"박쥐들한테 세례를 주고 성당 명부에 등록을 했지요. 그리고 날마다 올라가서 장황하게 설교를 했어요. 십일조헌금과 감사헌금을 강조하였지요. 의무를 다하여야 한다고 가르쳤더니 모두 떠나더군요."

_아가씨와 할머니

지하철에서 생긴 일입니다. 배꼽티를 입은 아가씨가 할머니 앞에 서 있었습니다. 할머니는 미소를 지으면서 배꼽티를 자꾸만 아래로 끌어내렸습니다.

"왜 그래요, 할머니?"
아가씨가 물었습니다. 할머니가 말했습니다.
"아이고 착해라, 동생 옷도 물려 입고……. 요즘 이렇게
착한 아가씨가 어디 있을까?"

__철학시험

철학시험을 치르고 나온 친구에게 물었습니다.
"잘 치렀니?"
"열 문제 나왔는데 한 문제만 애매했어."
"그래도 90점은 맞았겠구나!"
"나머지 아홉 문제는 전혀 모르겠어."

__용돈

두 친구가 만났습니다.
"요즈음 용돈이 궁해서 쩔쩔 매고 있어."
"시골 아버지에게 용돈 좀 달라고 하지 그래."
"글쎄, 용돈 좀 쓰려고 아무것도 모르는 아버지에게 딕셔너리 사야 한다고
50만 원만 붙여 달라고 편지를 보냈더니, 사전을 사서 보내 주시더라."

__백수의 한탄

있는 것은 체력이요, 없는 것은 능력이라.
늘어나는 것은 한숨이요, 줄어드는 것은 용돈이라.
기댄 곳은 방바닥이요, 보이는 것은 천정이니.
들리는 것은 구박이요, 느끼는 것은 허탈감이라.
먹는 것은 나이요, 남는 것은 시간이니,
펼친 것은 벼룩시장이요, 거는 것은 전화로다.
혹시나 하는 것은 기대요, 역시나 하는 것은 허망함이니,
오는 것은 연체료요, 나가는 것은 돈이로다.
매일 아침 지키는 것은 집이요, 그 곁에 있는 것은 멍멍이 너뿐인가 하노라.

__아직도 온기가

어머니가 군에 입대한 아들에게 편지를 보냈습니다.
"아들아! 보고 싶다. 네가 떠나간 침대에 네 온기가 아직도 따끈따끈하구나!"
아들에게서 답장이 왔습니다.
"어머니! 죄송해요. 제 침대의 전기장판을 끄지 않고 왔어요."

__오발

군대의 사격장에서 졸병이 자꾸만 오발을 쏘아댔습니다. 소대장이 소리를 질렀습니다.

"멍텅구리 같은 자식아! 너는 눈도 없나?"
그리고 총을 빼앗아서 소대장이 총을 쏘았습니다. 빗나갔습니다. 소대장이
소리를 질렀습니다.
"이것이 바로 네가 쏜 방식이야."

__전투 훈련 중에

모의전투 훈련 중이었습니다. 부대장 차가 진흙 구렁텅이에 빠졌습니다.
부대장이 옆에 앉은 병사들에게 말했습니다.
"차를 밀어라."
병사들이 대답하였습니다.
"저희는 전사자로 분류되어 있기에 움직일 수가 없습니다."
그러자 부대장이 소리를 질렀습니다.
"운전병, 저 시체 몇 구 갖다가 바퀴 밑에 깔아."

__빛진 아들 내 아들

잘난 아들은 국가의 아들
돈 잘 버는 아들은 사돈의 아들
빚진 아들은 내 아들

사춘기가 되면 남남이 되고
군대에 가면 손님 되고
장가가면 사돈이 된다.

아들을 낳으면 1촌

대학 가면 4촌

군대 다녀오면 8촌

장가가면 사돈의 8촌

애를 낳으면 동포

이민 가면 해외동포

딸 둘에 아들 하나면 금메달

딸만 둘이면 은메달

딸 하나 아들 하나면 동메달

아들 둘이면 목메달

__3대 미친 여자

1. 며느리를 딸로 착각하는 여자

2. 사위를 아들로 착각하는 여자

3. 며느리 남편을 아직도 아들로 착각하는 여자

__아버지와 딸

아버지가 딸에게 말했습니다.

"딸아! 네가 좋아하는 총각이 어제 내 사무실에 왔더구나."

"뭐래요?"

"너를 사랑한다고 결혼시켜 달라더라."

"아버지! 저는 어머니 혼자 두고 시집가는 것이 싫어요."

딸은 선뜻 대답하기 싫어서 그렇게 말한 것인데, 아버지가 말했습니다.

"그러면 네 어머니도 모시고 가라."

__실업자 해결

국회위원에 출마하는 후보가 말했습니다.

"여러분! 제가 국회위원이 되려는 이유는 실업자 문제를 해결하기 위한 것입니다."

유권자 중 한 명이 소리를 질렀습니다.

"정말 당신을 찍으면 실업자가 사라집니까?"

후보가 말했습니다.

"저를 찍으면 우선 저부터 해결됩니다. 제가 지금 실업자입니다."

__똑같은 대우

결혼한 지 10년 된 남자가 말했습니다.

"신혼 초에는 꿈만 같았지요. 퇴근하고 돌아오면 강아지가 달려와서 짖어 댔습니다. 그리고 아내는 슬리퍼를 갖다 주었지요. 그런데 10년이 지난 지금은 반대입니다. 강아지가 슬리퍼를 갖다 주고 아내는 짖어댑니다."

이 말을 듣고 있던 사람이 말했습니다.

"무엇이 불만입니까? 대우받는 것은 똑같은데……."

__갈릴리 배

한 관광객이 갈릴리에서 배를 타려고 부두로 갔습니다. 그런데 매표소에 가보고 깜짝 놀랐습니다. 잠깐 배를 타는 데 5만 원이었습니다. 관광객이 말했습니다.

"예수님이 갈릴리 호수를, 배를 타지 않고 걸어간 이유를 알겠습니다. 뱃 삯이 너무 비싸서 걸어간 것이군요."

__노름꾼의 죽음

노름꾼들이 모여서 노름을 하던 중 한 사람이 심장마비를 일으켜 갑자기 죽고 말았습니다. 죽은 사람의 친구 가 그 사실을 알리기 위해 죽은 친구의 집으로 갔습니다. 그는 좀처럼 말을 꺼내기가 어려웠습니다. 대문 앞에서 한참을 망설이다가 초인종을 눌렀습니다. 친구의 부인이 나왔습니다.

"부인, 안녕하십니까? 저는 부인의 남편과 함께 있었습니다만……."

부인이 물었습니다.

"어머나, 그 사람 또 노름하고 있었죠?"

친구가 말했습니다.

"예 그렇습니다. 사실은……."

"또 빈털터리가 되었겠군요?"

"예, 그렇습니다. 사실은……."

"지금쯤 기운이 하나도 없겠지요."

"예, 그렇습니다만, 사실은……."

"정말 지긋지긋하군요. 아주 죽어 버렸으면 속이 시원하겠어요."

친구가 부인에게 말했습니다.

"하나님께서 부인의 소원을 잘 알고 계셔서 소원대로 오늘 그 친구가 죽었습니다."

__웃기는 가게 이름

114 상담원 500명을 대상으로 "웃음이 나오는 가게 이름"에 대해 설문조사를 하였습니다. 236개의 이름을 1차 선정한 뒤 다시 가장 웃긴 이름을 골랐습니다.

1위 123표 : 미쳐 버린 파닭(치킨 집)

2위 95표 : 태풍은 불어도 철가방은 간다(중국 음식점)

3위 54표 : 까끌래 뽀끌래(미용실)

__업종별로도 뽑았습니다

고기 음식점도 재미있는 이름이 많았습니다.

· 돼지 땡기는 날

· 돼지집합소

· 돼지코꾸녕

· 돼지가 웃통 벗는 날

치킨점 중에 재미있는 이름이 있었습니다.

· 춤추는 찜닭

· 피리 부는 똥집

· 닭이 냄비에 빠진 날

미용실 가운데에는 이런 이름이 있었습니다.
· 머리할 때 됐다
· 끄덩이 미용실

주점으로는 이런 이름이 주목을 받았습니다.
· 샤론술통
· 엄벙한 실내마차
· 막사발 한대지비

음식점 중에는 이런 이름이 재미있었습니다.
· 곧 망할 칼국수
· 사시미 블루스
· 중국집이 와이카노

이 밖에 신기한 이름도 있었습니다.
· 난닝구 에어컨(에어컨 판매점)
· 공부 잘 되는 독서실(독서실)
· 엄마 런닝구(내의 판매점)
· 멍멍아 야옹해봐(애견센터)
· 나도파(도장 판매점)
· 오늘을 쏜다(호프집)

__잘못된 기도

어느 교회에 기도를 많이 하는 기도대장 권사님이 계셨습니다. 철야기도 시간이었습니다. 철야를 마친 후 모두 집으로 돌아갔습니다. 그런데 기도 대장 권사는 계속 소리를 지르며 기도를 하였습니다. 고래고래 소리를 질러대니 하나님은 너무 시끄러워서 구름 속에 나타나 말씀하셨습니다.

"시끄럽다. 말해봐라. 무엇이든지 한 가지 소원을 들어주겠다. 빨리 말하고 집으로 가서 쉬어라."

하나님의 응답을 받은 권사님은 그때부터 고민에 빠졌습니다.

"하나님이 내 기도를 들어주신다고 말씀하셨어. 반드시 들어주실 거야. 무엇인가 거창한 것을 기도해야겠다. 로또복권 1등에 당첨되게 해 달라고 할까? 내 아들놈, 돌대가리지만 서울대학교에 붙게 해 달라고 할까? 아니야, 건강이 최고지. 무병 무탈하게 120까지만 살게 해 달라고 할까? 우리 교회? 건축 중인데 건축헌금 몽땅 달라고 할까? 내 남편 일자무식이지만 우기기 좋아하고 목소리 하나는 크니 국회의원 되게 해 달라고 할까?"

권사님은 어떻게 할 줄 몰랐습니다. 너무 생각을 많이 한 권사님은 그때부터 머리가 아프기 시작하였습니다.

"아! 머리가 너무 아프다. 갑자기 머리를 쓰니까 너무 어지러워. 죽을 지경이다."

그리고 권사님은 자기도 모르게 이렇게 기도하였습니다.

"하나님! 제 머리부터 아프지 않게 해주소서!"

하나님은 권사님의 소원을 들어주셨습니다.

__피사의 사탑에 대한 반응

피사의 사탑이 기울어진 것을 보고 각국 사람들의 반응은 달랐습니다.

프랑스 사람이 말했습니다.

"피카소 같은 천재 건축가의 기술이다."

독일인이 보고 말했습니다.

"측량도 안 해 보고 세웠군."

이라크 사람이 말했습니다.

"미사일 공격을 받았다."

중국 사람이 말했습니다.

"발굴하다가 말았구나."

일본 사람이 말했습니다.

"여기도 지진이 일어났네."

한국 사람이 말했습니다.

"누가 부실공사하려고 돈을 빼먹었다."

__용서할 수 없는 남자

밥 많이 먹는 남자는 용서할 수 있어도, 반찬 투정하는 남자는 용서할 수 없다.

귀 뚫은 남자는 용서할 수 있어도, 귀가 막힌 남자는 용서할 수 없다.

머리카락 없는 남자는 용서할 수 있어도, 머리가 없는 남자는 용서할 수 없다.

과거가 있는 남자는 용서할 수 있어도, 미래가 없는 남자는 용서할 수 없다.

__오른뺨

처음 교회에 나간 깡패가 목사님의 설교를 듣고 있었습니다.

"오른뺨을 치거든 왼뺨을 대라고 예수님이 말씀하셨습니다."

깡패는 정말 이 교회 교인들이 그 설교를 제대로 들었는지 시험해 보고 싶었습니다. 그래서 장로님의 왼뺨을 후려갈겼습니다. 장로님이 노발대발하며 같이 쳤습니다. 깡패가 말했습니다.

"당신은 예수님의 말씀을 안 듣습니까? 예수님은 오른뺨을 치거든 왼뺨도 대라고 하셨습니다."

장로님이 소리 질렀습니다.

"그런데 너는 왼뺨을 쳤잖아!"

__나 안 죽는다

부자 아버지가 임종을 앞두고 세 아들에게 말했습니다.

"내 재산을 정리해서 10%씩 나누어 가져라. 나머지는 교회에 헌금하여라."

큰아들이 불평하였습니다.

"저를 그렇게 부리고 겨우 10%만 주십니까?"

둘째 아들이 말했습니다.

"70%를 헌금하라는 말씀인가요?"

셋째 아들이 말했습니다.

"10%를 가지고 어떻게 살아요?"

아버지가 말했습니다.

"너희들, 그렇게 말을 듣지 않으면 나 안 죽는다."

__배터리가 나간 것이 아닌가요

아버지가 아들에게 살아 있는 거북이를 사다 주었습니다. 아들은 거북이를 가지고 놀았습니다. 조금 후 거북이는 꼼짝도 하지 않았습니다. 아들이 소리를 질렀습니다.

"아빠! 배터리가 다 된 것 같아요."

__남편이 훌륭하네요

남편에게 맞아서 얼굴이 시퍼렇게 된 여자가 목사님에게 하소연을 하러 왔습니다. 그녀는 이혼하겠다고 야단이었습니다. 목사님이 조용히 물었습니다.

"그때 당신은 남편에게 무엇이라고 말했나요?"

"제 따귀를 치기에 죽여라, 차라리 죽여라, 이렇게 소리를 질렀지요."

목사님이 말했습니다.

"당신 남편은 훌륭하네요."

여자가 화가 나서 말했습니다.

"목사님! 불난 집에 부채질하는 것입니까?"

"아니요. 당신이 죽이라고 했는데도 죽이지 않고 따귀만 때렸으니 당신 남편이 훌륭하지요."

__나무꾼 할아버지

80세가 넘으신 할아버지가 혼자 가난하게 살고 있었습니다. 누구도 돌보는 이가 없어 할아버지는 나무를 해 팔아 근근이 살아가고 있었습니다. 고생이 말이 아닌 할아버지는 어느 날 나무를 해서 산에서 내려오다가 신세타령을 하였습니다.

"하나님! 왜 저를 데려가시지 않습니까? 살 만큼 살았지요. 저를 데려가 주세요. 여한이 없어요. 하나님은 제가 자살하기를 원하지 않으시죠? 그러면 데려가 주세요."

할아버지는 매일 그렇게 신세타령을 하였습니다.

어느 날 산에서 내려오다가 또 신세타령을 하고 있는데 산적이 나타나서 칼을 들이대며 말했습니다.

"가진 것 다 내놓아라."

할아버지는 무릎을 꿇고 발발 떨면서 말했습니다.

"주머니에 그동안 번 돈이 있으니 꺼내 가시고 제발 목숨만은 살려 주시오."

산적이 돈을 꺼내 가지고 도망쳤습니다. 할아버지는 하나님께 말했습니다.

"왜 안 데려가십니까?"

__고고학 교수

늙은 여자가 혼자 평생을 살았습니다. 그러던 어느 날 대학교수와 재혼하게 되었다는 소문이 들렸습니다. 그러더니 친구들 앞에 팔짱을 끼고 나타났습니다. 친구들이 물었습니다.

"너는 어떻게 그런 좋은 교수와 결혼하게 되었니?"

그녀가 대답하였습니다.
"이분은 고고학 교수라 골동품을 좋아한대."

_애창 찬송가

밤늦게 집에 돌아와 아내에게 변명하는 남편들의 애창 찬송가가 있습니다.
"뜻 없이 무릎 꿇는 그 복종 아니요"

부부싸움 하고 나간 아내를 기다리는 남편의 애창곡이 있습니다.
"어서 돌아오오"

혼자 사는 이들의 애창곡이 있습니다.
"외롭게 사는 이 그 누구인가"

산림청에서 싫어하는 곡이 있습니다.
"산마다 불이 탄다"

정상 정복을 하며 사는 등산가들의 애창곡이 있습니다.
"저 높은 곳을 향하여 날마다 나아갑니다"

백수들이 좋아하는 애창곡이 있습니다.
"공중 나는 새를 보라 농사하지 않아도"

땅 개발업자들이 좋아하는 애창곡이 있습니다.

"저 건너편 강 언덕에 아름다운 낙원 있네"

로또 복권을 사 놓은 이들이 부르는 애창곡이 있습니다.
"주여 지난밤 내 꿈에 뵈었으니 그 꿈 이루어 주옵소서"

거지들이 겨울에 부르는 애창곡이 있습니다.
"엄동설한 지나가면 양춘계절 돌아와"

__지혜로운 사람

선생님이 학생들에게 공부를 시키면서 말했습니다.
"지혜로운 사람과 지혜롭지 못한 사람을 구별하는 법이 있다. 목욕탕에 물을 채우고 숟가락과 컵 두 개를 주면서 물을 빼라고 말해 보면 알 수 있지."
학생이 물었습니다.
"지혜로운 사람은 컵으로 물을 푸고, 어리석은 사람은 숟가락으로 물을 푸나요?"
선생님이 대답하였습니다.
"아니다. 지혜로운 사람은 마개를 뺀다."

__지옥의 땅값

부동산을 하던 사람이 천국에 들어가려고 하였습니다. 베드로가 입구에서 말했습니다.
"천국은 지금 만원입니다. 천국에 있는 사람 하나를 지옥으로 보낸다면 그

빈자리에 당신이 들어갈 수 있습니다."

부동산업자는 곰곰이 생각하다가 천국을 향해 소리를 쳤습니다.

"지옥의 땅값이 폭등하고 있다."

이 소리를 듣자 천국에 있던 부동산업자들이 앞 다투어 지옥으로 빠져나갔습니다. 그 사람은 천국에 들어갈 수 있었습니다. 그러나 조금 후 그도 지옥으로 가겠다며 천국을 떠나려고 하였습니다. 베드로가 물었습니다.

"왜 지옥으로 가요?"

부동산업자가 말했습니다.

"정말 지옥의 땅값이 오른 것만 같아서 아무래도 궁금해요."

__아내의 불평

주일 아침 남편이 불평스럽게 말했습니다.

"여보! 아무래도 예배시간에 늦겠소. 빨리 서둘러요."

아내가 소리를 질렀습니다.

"잠깐이면 된다고 한 시간 전에 말했잖아요."

__하나님, 진짜로 계시나요

시골 목사님이 어느 토요일에 하나님께 물었습니다.

"하나님, 진짜로 계시나요?"

"너 누구에게 묻고 있니?"

"하나님께요."

"내가 누구니?"

"하나님이요."
그때 하나님이 물으셨습니다.
"너 내일 설교 준비 다 했니?"

_양 먹이

시골 교회로 부임한 목사가 주일 준비를 잘 하였습니다. 그리고 강대상에
올라갔는데 농부 한 명만 나와 앉아 있었습니다. 30분을 기다려도 아무도
오지 않았습니다. 목사가 농부에게 물었습니다.
"형제님! 어떤 사람이 양들을 위하여 먹이를 주려고 많이 준비하였는데 한
마리만 나타났다면 먹이를 주겠습니까, 안 주겠습니까?"
농부가 말했습니다.
"저라면 주겠습니다."
목사님은 그 말을 듣고 한 시간 동안 예배를 정식으로 드렸습니다. 설교도
지루하게 30분을 하였습니다. 예배를 마치고 밖으로 나와 헤어지는데 농
부가 목사에게 말했습니다.
"제가 목사님이라면 양 한 마리만 나타났을 때 다 주지 않고 조금만 주었
을 것입니다."

_자살자

어떤 사람이 한강 다리 위에서 뛰어내리려 하고 있었습니다. 지나가던 신
사가 소리를 질렀습니다.
"잠깐만!"

"왜요?"

"당신은 종교가 있나요?"

"기독교인이요."

"나도 그래요. 예수님은 영생임을 믿나요? 안 믿나요?"

"예수님은 영생임을 믿어요."

"그러면 뛰어내려 죽으세요. 영생할 거예요."

자살하려던 사람은 조금 생각하더니 말했습니다.

"안 죽을 거예요."

"왜요?"

"죽으려고 자살하는 건데 영생할 것이라면 안 죽을래요."

__감사합니다

낙하산 훈련병이 교관에게 물었습니다.

"비행기에서 뛰어내렸는데 낙하산이 펴지지 않으면 어떻게 하죠?"

"보조 낙하산을 당겨라."

"만일 보조 낙하산도 펴지지 않으면 어떻게 하죠?"

그럴 리가 없기에 교관은 농담을 하였습니다.

"부처님을 불러."

이제 낙하 훈련이 시작되었습니다. 그런데 낙하산이 펴지지 않았습니다. 보조 낙하산을 당겼습니다. 역시 펴지지 않았습니다. 훈련병은 교관이 한 말이 생각나서 외쳤습니다.

"부처님!"

그때 아래쪽에서 큰 손이 나타나더니 그를 받아 주었습니다. 그는 살아났습니다. 식은땀을 씻으며 훈련병이 말했습니다.

"하나님! 부처님을 보내 주셔서 감사합니다."

_장군 멍군

저녁에 아내가 남편에게 말했습니다.

"여보! 우리 오늘 외식해요."

남편은 재빨리 아내의 손을 잡고 기도하였습니다.

"하나님! 우리 아내의 외식할 마음이 없어지게 하시고, 집에서 먹는 밥으로 만족하게 만들어 주옵소서."

그래서 할 수 없이 집에서 저녁을 먹었습니다. 밥을 먹고 나자 남편이 말했습니다.

"여보! 후식으로 과일 좀 줘요."

이번에는 아내가 재빨리 남편의 손을 잡고 기도하였습니다.

"하나님! 과일이 없습니다. 밥으로 만족하게 하시고, 다음부터는 과일을 안 먹어도 항상 밥으로 만족하게 하옵소서. 김치 하나만으로도 만족하게 하옵소서."

_아내의 믿음

아내가 눈을 떠 보니 병원이었습니다. 온몸에 붕대가 감겨 있고 그 옆에 남편이 있었습니다. 아내가 놀라서 물었습니다.

"여보! 내가 왜 여기 누워 있지요?"

남편이 말했습니다.

"당신이 집안에서 예배를 드리다 말고 창문을 열고 날 수 있다며 뛰어내렸어요."

아내가 물었습니다.

"그런데 왜 당신은 말리지 않았어요?"

남편이 말했습니다.

"나는 당신 믿음대로 공중을 날 줄 알았지."

__강도와 아가씨

어떤 아가씨가 밤길을 걸어가고 있었습니다. 복면을 한 강도가 나타나 칼을 대면서 소리를 질렀습니다.

"돈이냐, 목숨이냐?"

아가씨는 놀라서 두 손을 들고 잠깐 기도를 하였습니다. 주기도문을 외는데 조금 마음이 안정되어 손을 내렸습니다. 강도가 소리를 질렀습니다.

"빨리 말해! 돈이야? 목숨이야?"

아가씨가 소리를 질렀습니다.

"너무 소리 지르지 말아요. 생각 중이에요."

__여자가 되어 본 남자

어떤 남자가 자기 아내에게 불만을 가졌습니다. 자기는 직장에서 죽도록 일하고 오는데, 아내는 집에서 빈둥대는 것 같아 아내가 미웠습니다. 그래서 하나님께 기도드렸습니다.

"하나님! 아내와 제가 한번 바뀌게 하옵소서. 그래서 아내가 남편이 하루 종일 얼마나 고생하는지를 알게 하옵소서."

하나님이 그 기도를 들으시고 바꾸어 주었습니다. 남편은 아내가 되어 하루 종일 집에서 일하기 시작하였습니다. 밥하기, 애들 돌보기, 빨래, 은행 일, 청소, 우체국, 쓰레기 버리기, 다림질, 또 저녁준비, 설거지, 정신없이 바빴습니다. 힘들어서 지쳤습니다. 저녁에 남자는 하나님께 다시 기도하였습니다.

"하나님! 못 견디겠습니다. 도로 남자가 되게 하옵소서."

하나님이 말씀하셨습니다.

"안 된다. 너는 어제 임신하였다. 열 달 뒤에나 남자로 돌아갈 수 있다."

__목사의 항의

목사가 죽어서 천국에 들어가려고 하는데 베드로가 천국 문에서 말했습니다.

"당신 같은 목사는 천국에 들어갈 수 없다."

"왜요? 저는 큰 교회 목사였고 일도 많이 하였는데요."

"너는 너를 위하여 일하였다."

안 들여보내 주어서 할 수 없이 지옥을 갔습니다. 지옥에서 마귀가 말했습니다.

"너는 지옥으로 들어갈 수 없다."

"왜 그렇습니까?"

"너 같은 목사가 너무 많아서 목사는 이제 만원이다."

목사님이 소리 질렀습니다.

"저보고 다시 지구로 돌아가라는 것은 아니겠지요? 저는 정말 새벽기도가 싫어요."

_이상한 싸움

늘 티격태격 싸우는 부부가 있었습니다. 사소한 것 가지고 큰 싸움이 되곤 하였습니다. 그래서 둘이는 사랑스러운 말을 먼저 한 후 할 말을 하기로 정하였습니다. 어느 날 남편이 퇴근하고 보니 집안이 청소도 되어 있지 않고 엉망이었습니다. 남편이 말했습니다.

"사랑하는 여보! 집안이 이게 뭐예요? 쓰레기장 같아요."

아내가 말했습니다.

"무지무지하게 멋진 여보, 나는 하루 종일 놀기만 하였는지 알아요?"

"미치고 환장하게 예쁜 여보! 그렇지만 퇴근하는 남편도 생각해 줘야지. 좀 정돈 좀 해요. 하루 종일 이게 뭐예요?"

"까무러치게 사랑스러운 당신! 오늘 온 종일 손님이 오고 틈이 없었다고요."

"매력이 철철 넘쳐 홍수가 나는 여보, 그렇지만……."

"내 몸이 터져 나갈 정도로 사랑하는 여보, 정말 틈이 없었어요."

둘이는 서로 웃다가 싸움이 끝나 버리고 말았습니다.

_여우와 곰

여우 같은 여자와 곰 같은 여자가 죽어 같이 천국에 갔습니다. 둘 다 식당에서 밥하는 일을 맡게 되었습니다. 어느 날 저녁 하나님이 배가 고프셨습니다. 식당으로 갔더니 곰 같은 여자가 조기를 굽고 있었습니다.

"밥이 언제 다 되나?"

곰 같은 여자는 곰처럼 웃기만 하면서 조기를 굽는 데 열중하였습니다. 그때 여우 같은 여자가 하나님 앞으로 오더니 말했습니다.

"하나님! 조기는 10분이면 다 구워지고, 찌개는 5분 있으면 다 끓고, 밥은 다 되었습니다. 5분만 기다리시면 밥과 찌개를 드리겠습니다. 조금만 잡수시고 계시면 조기도 드리겠습니다."

여우 같은 여자가 시원하게 말했습니다. 하나님이 식사를 하면서 말씀하셨습니다.

"역시 곰 같은 여자와는 못 살아도 여우 같은 여자와는 살 수 있어."

그리고 곰 같은 여자를 보니 묵묵히 조기만 굽고 있었습니다. 하나님이 미안하셨던지 한 마디 하셨습니다.

"그런데 여우 같은 여자는 잘 삐친단 말이야!"

_상과 벌

이 세상에서 철저히 금욕적으로 경건하게 살던 성자가 죽어 천국에 갔습니다. 얼마 후 제자들도 죽어 천국에서 만나게 되었습니다. 그런데 성자 스승의 집에 기가 막히게 요염하고 예쁜 여자가 있었습니다. 제자들이 보고 중얼거렸습니다.

"땅에서 그렇게 금욕생활을 하시더니 하나님이 저렇게 큰 보상을 주셨나 보다."

그리고 스승 성자에게 가서 말했습니다.

"하나님이 보상을 하여 주셨군요."

그때 옆에 있던 여자가 말했습니다.

"보상으로 저를 성자님에게 보낸 것이 아니라, 제가 세상에서 방탕하게 살았다고 벌로 이런 남자를 붙여 주신 거예요."

__아내의 신경질

아내가 어떤 신경질을 부려도 잘 받아 주는 남편이 있었습니다. 어느 날 아내가 중병에 걸렸습니다. 그래서 신경질이 더 심해졌습니다. 그러나 남자는 어떤 신경질도 다 받아 주었습니다. 아내가 죽었습니다. 장례를 치르고 집으로 돌아오는 길이었습니다. 기와집 처마 밑을 걷고 있는데 기왓장이 떨어져 머리를 쳤습니다. 금방 피가 흐르고 부어올랐습니다. 남자는 피를 닦으며 말했습니다.
"알았어, 여보! 천국에 도착하였다는 신호지!"

__구기자와 피자

예쁜 여자와 아주 못생긴 여자가 있었습니다. 그 둘은 어려서부터 친한 친구였습니다. 사람들은 못생긴 여자를 너무나 무시하였습니다. 못생긴 여자는 더 이상 참을 수가 없었습니다. 그래서 예쁜 여자 친구의 얼굴을 흉측하게 만들고 싶었습니다. 여자는 곰곰이 생각하던 중에 "구기자"라는 차를 만들어서 예쁜 여자 친구에게 먹였습니다. 구기자차를 마시던 예쁜 친구 얼굴이 구겨지지 시작하였습니다. 현대의학으로는 치료가 불가능해졌습니다. 예쁜 여자는 희망을 잃지 않고 산속에 들어가서 얼굴이 정상으로 돌아오게 해 달라고 정성스럽게 기도하기 시작하였습니다. 100일 기도가 끝나자 산신령이 응답하셨습니다.

"이것을 먹어라."
얼굴이 구겨진 여자는 산신령으로부터 선물을 받아 가지고 와서 먹었더니 다 나았습니다. 그것은 바로 "피자"였습니다.

__좋은 소식과 나쁜 소식

남편의 진급
좋은 소식 : 남편이 이사로 진급을 했다네.
나쁜 소식 : 그런데 여비서가 엄청 예쁘다네.
환장할 소식 : 며칠 뒤 외국으로 둘이 함께 출장가야 한다네.

아이의 상장
좋은 소식 : 아이가 상을 타 왔네.
나쁜 소식 : 옆집 애도 타 왔네.
환장할 소식 : 아이들 기 살린다고 전교생 다 주었다네.

쓰레기 종량제
좋은 소식 : 쓰레기를 종량제 봉투 없이 밤중에 아무도 몰래 슬쩍 버렸지.
나쁜 소식 : 그 장면이 CCTV에 잡혔네.
환장할 소식 : 양심을 버린 사람 편으로 9시 뉴스에 나온다네.

남편의 꽃 선물
좋은 소식 : 살다 보니 처음으로 남편이 퇴근하면서 꽃을 들고 와서는 내게 선물로 주네.

나쁜 소식 : 그런데 하얀 국화꽃만 있네.

환장할 소식 : 친구 아버지 장례식장 갔다가 아까워서 가져온 거라네.

성형수술

좋은 소식 : 싼 가격에 성형수술을 했다네.

나쁜 소식 : 수술이 시원찮아 다시 해야 된다네.

환장할 소식 : 뉴스에서 돌팔이라고 잡혀가네.

반장 선출

좋은 소식 : 아이가 반장에 선출됐다네.

나쁜 소식 : 다음날 학교 선생님이 보자고 하시네.

환장할 소식 : 반장은 학급보조금을 내야 된다네.

__결혼식

열렬히 사랑하는 남녀가 있었습니다. 그러나 신랑 어머니의 반대가 심하였습니다.

"내 눈을 감기 전에는 결혼할 수 없다."

둘은 어머니가 잠든 사이에 결혼을 하였습니다.

__두 술꾼

밤늦은 시각, 술 취한 두 술꾼이 비틀거리며 거리에서 만났습니다. 한 명이 물었습니다.

"여보시오. 이렇게 늦게까지 술을 마시고 다니면 아내에게 혼나지 않소?"
그가 말했습니다.
"난 그런 걱정이 없소이다. 그런 귀찮은 존재는 없소. 나는 아내가 없다는 말이요."
앞에 있는 술꾼이 말했습니다.
"아내도 없는데 왜 이렇게 늦게까지 거리를 쏘다니고 있소?"

__이쑤시개

한 남자가 식인종에게 잡혀 있었습니다. 잘 보여서 빠져 나오려고 갖은 아양을 다 떨었습니다. 식사를 마친 식인종이 물었습니다.
"성냥 있나?"
그가 말했습니다.
"라이터가 있습니다."
식인종이 소리 질렀습니다.
"성냥 있냐고?"
"성냥보다 더 좋은 라이터가 있습니다."
식인종이 소리를 질렀습니다.
"너는 라이터로 이빨 쑤시냐?"

__애국자

세 친구가 누가 더 나라를 사랑하는지 말다툼이 벌어졌습니다. 한 친구가 말했습니다.

"나는 외제 물건을 써 본 적이 없어."
다른 친구가 말했습니다.
"나는 외국 영화를 본 적이 없어."
다른 친구가 말했습니다.
"나는 영어 성적이 항상 빵점이야."

_묶으라고 해서

병원의 어머니 시체 앞에서 아들이 의사에게 소리를 질렀습니다.
"당신 때문에 우리 어머니가 돌아가셨습니다."
"왜요?"
"당신이 뱀에 물리면 물린 자리를 묶으라고 그랬지요. 피가 통하지 않게……."
"그래서요?"
"어머니가 목을 뱀에 물려서 피가 나오지 않게 묶었더니 돌아가셨단 말이오."

_용돈

돈을 물 쓰듯이 쓰는 남편에게 아내가 말했습니다.
"옆집 아저씨는 단돈 10원에도 벌벌 떤대요."
남편이 말했습니다.
"그 친구 몇 푼 더 벌겠다고 그렇게 열을 올리더니 중풍에 걸렸군."

_개가 따르는 이유

한 이발소에서 개가 이발사 주변을 맴돌며 떠나지 않고 있었습니다. 손님이 면도하다 말고 물었습니다.

"그 개는 당신을 퍽 따르는군요. 비결이 무엇입니까?"

이발사가 대답하였습니다.

"비결은 없지요. 가끔 실수로 손님들의 귀를 잘라 버릴 때가 있지요."

_전철에서

전철에서 뚱뚱한 여자가 서 있었습니다. 조그만 소년이 자꾸만 쳐다보았습니다. 그 여자가 물었습니다.

"왜 자꾸만 쳐다보니?"

조그만 아이가 말했습니다.

"오늘밤 돼지 꿈 꾸려고요."

_호소

전철에서 한 청년이 승객들 앞에서 말했습니다.

"여러분! 저는 불쌍한 청년입니다. 불쌍한 저를 도와주세요. 부모님이 6·25 때 공산당의 총탄에 맞아 돌아가셨습니다. 형님도 월남전에서 베트콩 총탄에 죽었고요. 저만 남아 혼자 힘들게 살아가고 있습니다. 그런데 며칠 전에 교통사고로 기억상실증에 걸려서 과거를 모두 잊어버렸습니다. 한 푼 보태 주세요."

__고집 센 며느리

며느리가 생선을 굽고 있었습니다. 그런데 고집이 세어서 한 쪽만 굽고 있었습니다. 시어머니가 말했습니다.

"얘야! 한 쪽만 탄다. 뒤집어라."

고집 센 며느리가 말했습니다.

"염려 마세요. 지가 뜨거우면 돌아누울 거예요."

__억지

구더기가 무서워서 장 못 담근 집에서 태어난

나는 실연당할까 두려워 연애를 못한다.

형님들은 실직될까 두려워 취직을 못한다.

누님은 과부 될까 두려워 시집을 못 간다.

__신입사원

새로 들어온 신입사원 여자가 과장으로부터 질문을 받았습니다.

"술은 마실 줄 아는가?"

"한 모금도 못해요."

"담배는?"

"한 모금도 못 피워요."

"남자와 데이트는?"

"어떤 남자와도 데이트해 본 적이 없습니다."

"그러면 취미는?"
잠시 생각하던 여사원이 말했습니다.
"제 유일한 취미는 거짓말하는 거예요."

__진정한 위인

안다고 모르는 사람 설움 주지 않으며,
잘났다고 못난 사람 업신여기지 않으며,
있다고 없는 사람 괄시하지 않는다.

__파리 목숨

어미파리가 두 아들파리를 데리고 산책을 하다가 배가 고파 큰 슈퍼에 들
어갔습니다. 어미파리가 두 아들파리에게 말했습니다.
"과식하지 마라. 골고루 먹어. 그리고 파리약과 끈끈이를 조심하거라."
두 아들파리가 사탕에 앉아 빨아 먹다가 죽고 말았습니다. 유해색소가 들
어 있었기 때문입니다. 두 아들을 잃은 어머니는 자살하고 싶었습니다. 그
래서 파리약을 열심히 빨았습니다. 그러나 죽지 않았습니다. 함량 미달의
가짜였습니다.

__졸도

25도 소주 5병과 45도 빼갈 3병을 마셨습니다. 모두 몇 도가 되었을까요?
술에 취하여 졸도였습니다.

__부자의 죽음

이스라엘 최고 부자가 죽을병에 걸렸습니다. 병을 고쳐 주는 사람에게는 엄청난 돈을 주겠다고 공고문을 붙였습니다. 거지가 찾아왔습니다. 누더기 옷을 입었는데, 2천 조각도 넘는 조각으로 기운 옷을 입고 있었습니다. 너무나 누더기였습니다. 그 거지가 말했습니다.

"내가 당신을 안 죽게 할 수 있소."

집안 식구가 물었습니다.

"당신은 의사인가요?"

"아니요, 거지요. 그러면 어떻게 병을 고치겠다는 것인가요?"

거지가 말했습니다.

"내가 병을 고치겠다는 것이 아니라 안 죽는 방법을 알려 드리고 싶습니다."

"그 방법이 무엇이죠?"

거지가 말했습니다.

"내가 사는 곳으로 이사 오시오."

"어디입니까?"

"강 건너 쓰레기 처리장입니다."

"왜요?"

"그곳에서 내가 수십 년을 살았지요. 그런데 단 한 번도 부자가 죽었다는 소리를 못 들었습니다. 부자인 당신이 이사 오면 죽지 않습니다."

_명답

사지가 멀쩡한 거지가 길거리에서 애처롭게 구걸을 하고 있었습니다. 지나가던 사람이 말했습니다.

"두 팔이 성한 사람이 왜 구걸을 하고 있어요?"

거지가 말했습니다.

"그러면 제가 그까짓 동전이나 구걸하려고 두 팔을 끊는단 말이요?"

_하루 두 번 맞는 시계

가난한 거지가 고장 나서 움직이지 않는 시계를 보면서 늘 자랑하였습니다.

"내 시계는 누구 것보다 좋은 시계랍니다. 틀리는 시계는 하루 종일 한 번도 안 맞아요. 그러나 내 시계는 하루에 두 번은 틀림없이 맞지요."

_테이프 강의

미국 컬럼비아 대학에는 유대인 교수가 많았습니다. 유대인 교수가 급한 일로 강의를 못하게 되어 테이프를 보냈습니다. 시간이 끝날 즈음하여 교실로 들어가면서 생각하였습니다.

"내 테이프로 받아 적어가면서 공부를 잘 하고 있겠지."

그런데 교실에 들어가니 학생들은 한 명도 없고 학생들 책상 위에 녹음기들만 놓여 있었습니다. 그리고 칠판에 이렇게 적혀 있었습니다.

"테이프 강의는 녹음기로 듣습니다."

__집에 자주 오지 못하는 이유

폴란드의 한 시골 마을에 유대인 부부가 살고 있었습니다. 남편은 교사였습니다. 먼 곳으로 발령을 받았습니다. 집안 식구가 다 이사 갈 수 없어서 남편만 이사를 갔습니다. 8년 동안 일 년에 한 번만 들렀습니다. 그런데 아이를 8명이나 낳았습니다. 이웃 사람들이 말했습니다.

"일 년에 한 번 오는 부부가 어디 있습니까? 더 자주 오십시오."

남편이 말했습니다.

"일 년에 한 번만 와도 아이가 8명인데 자주 오면 우리 집은 돼지우리가 될 것입니다."

__하나님의 의도

랍비 두 사람이 논쟁을 하고 있었습니다.

"하나님은 입김만으로도 하와를 만드실 수 있는데 어째서 아담을 잠들게 하고 갈비뼈를 빼내어 하와를 만드셨을까요?"

다른 랍비가 대답하였습니다.

"그 대답이야 간단하지요."

"왜 그래요?"

"훔쳐 온 물건으로 만든 작품은 변변치 못하다는 것을 알려주시려는 의도이지요."

_제비는 어떻게 우나요

유치원 선생님이 유치원 아이들을 데리고 동물원에 갔습니다. 동물원을 한 바퀴 돈 후에 물었습니다.

"여러분! 잘 보셨지요?"

"네."

"그러면 호랑이는 어떻게 울었어요?"

"어흥어흥 울었어요."

"맞았어요. 그러면 사자는요?"

"으르렁으르렁."

"잘 맞췄어요. 그러면 꾀꼬리는 어떻게 울던가요?"

"꾀꼴꾀꼴."

"아하! 잘했어요. 그럼 제비는 어떻게 울던가요?"

그 질문에는 아이들이 대답을 잘 못하고 쭈뼛거리고 있었습니다. 그때 한 아이가 자신 있게 말했습니다.

"선생님, 제비는요. 싸모님, 싸모님하고 울어요."

그 아이는 카바레 집 자녀였습니다.

_내 기도만 들어주세요

부자 한 사람이 교회에 와서 기도하였습니다.

"하나님! 사업을 시작하려고 합니다. 성공하게 하여 주옵소서. 확신을 주옵소서. 증거를 보여 주옵소서!"

그는 이렇게 부르짖으며 기도하였습니다. 그때 남루한 옷을 걸친 한 청년이 교회로 들어왔습니다. 그리고 옆에 앉아 이렇게 기도하였습니다.

"주님! 오늘 만 원을 주셔야 배고픔을 면할 수 있습니다. 만 원만 주세요. 만 원만……."

청년은 계속 소리를 지르며 기도하였습니다. 부자는 시끄러워서 기도를 할 수가 없었습니다. 그는 만 원을 꺼내 들고 청년에게 말했습니다.

"여보게 젊은이, 내가 만 원을 줄 테니 이제 좀 나가 주게. 응답이 되었네. 내가 시끄러워서 기도를 못하겠네."

젊은 청년은 기분 좋게 만 원을 받아 가지고 나갔습니다. 젊은이가 나간 후 부자가 기도하였습니다.

"하나님! 이제 시끄러운 사람이 갔으니 이제 제 기도만 집중해서 들어주세요."

_넘어지다를 받아써라

어느 초등학교 1학년 국어시간에 받아쓰기 시험을 보았습니다.

선생님이 말했습니다.

"넘어지다를 소리 나는 대로 쓰세요."

학생들이 정답을 받아 써 내려갔습니다.

한 학생이 다음과 같이 썼습니다.

"꽝!"

다른 학생은 이렇게 썼습니다.

"꽈당!"

__오늘 수입이 좋으시군요

날씨가 잔뜩 흐린 어느 날 아침이었습니다. 남편이 출근하려는데 아내가 말했습니다.

"여보! 오늘 퇴근하고 돌아올 때 우산 5개만 사 오세요. 우리 둘 거, 큰애 거, 작은애 거, 그리고 한 개는 여분이에요."

남편은 그렇게 하겠다며 집을 나섰습니다.

출근길에 전철 안에서 어떤 남자가 우산을 옆에 놓고 신문을 보고 있었습니다. 그는 우산에 집착하여 우산만 생각하던 중 그 옆 사람의 우산을 집어 들고 내리려고 하였습니다. 옆 사람이 말했습니다.

"여보세요. 내 우산인데요."

그는 미안하여 견딜 수 없는 마음으로 말했습니다.

"미안해요. 우산에 집착해서 제 것인 줄 착각하였습니다."

돌아오는 길에 그는 우산을 5개 사 가지고 전철을 탔습니다. 우연이었습니다. 아침에 옆에 앉았던 사람 바로 옆에 앉게 되었습니다. 옆 사람은 그가 우산 5개를 들고 있는 것을 보면서 가만히 말했습니다.

"오늘 수입이 좋으시군요."

__먹을 때만 조용해요

한 남자가 퇴근길에 슈퍼에 들러서 오징어, 땅콩, 사과, 배 등 간식거리를 많이 샀습니다. 돌아오는 길에 친구를 만났습니다.

"누구 줄 거야?"

"마누라."

"그런데 그렇게 많이 사?"

"나 좀 쉬려고 그래."

"무슨 말이야?"

"우리 마누라는 먹을 때만 조용해. 이것 주고 집에서 좀 쉬려고."

_예언하는 인디언

영화감독이 사막 한가운데에서 영화를 찍게 되었습니다. 영화 촬영이 한참 진행되던 어느 날이었습니다. 늙은 인디언 한 명이 찾아와서 말했습니다.

"내일 비."

그러자 다음날 정말 비가 내렸습니다. 일주일 뒤 인디언이 다시 찾아왔습니다.

"내일 태풍."

이번에도 정말 태풍이 와서 촬영을 하지 못하였습니다. 감독은 조감독에게 말했습니다.

"그 인디언 정말 대단한 사람인 걸. 그 사람에게 돈을 주고 계속 날씨를 알려 달라고 해야겠어."

인디언은 돈을 받고 몇 번 날씨를 알려주었습니다. 그러던 어느 날부터 며칠째 계속 인디언이 나타나지 않았습니다. 감독이 조감독에게 말했습니다.

"그 인디언 요즘 왜 안 나오지? 내일 중요한 촬영이 있으니 날씨를 알려 달라고 해."

조감독은 인디언을 찾아갔습니다. 그리고 날씨를 물었습니다. 인디언이 대답했습니다.

"몰라. 갑자기 라디오가 고장 났어."

_당신 것 모두 가지고 나가

어느 날 부부가 아내의 신앙 문제로 크게 다투었습니다. 남편이 참다못해 소리를 쳤습니다.

"당신 거 모두 가지고 나가!"

그 말을 듣고 아내는 큰 가방을 쫙 열어 놓았습니다. 그리고 남편의 눈을 보며 말했습니다.

"여기 들어가! 당신은 내 거야."

_가정

결혼 초기 친구들이 신랑에게 말했습니다.

"결혼 초에 여자를 잘 길들여야 돼."

어떤 친구가 말했습니다.

"네가 집안의 가장이라는 사실을 자꾸만 알려 줘!"

신랑이 대답하였습니다.

"그래? 알았어."

신랑은 그렇게 하기로 단단히 마음을 먹었습니다. 그는 집으로 들어가자마자 평소와는 전혀 다르게 위세를 부리기 시작했습니다. 방문을 '쾅!' 하고 소리가 나도록 닫았습니다. 재떨이도 '탕탕' 소리 내며 바닥에 내려놓았습니다. 그리고 주먹을 아내 코앞에 들이대며 호통을 쳐댔습니다.

"이봐 마누라! 내 말 잘 들어. 난 지금 바로 식사를 해야겠으니 저녁 밥상을 차리라고."

그리고 더 큰 소리로 말했습니다.

"식사 준비가 끝나면 이층 옷장에 있는 내 양복을 다려 와. 오늘밤에 나가서 친구들과 한잔할 거니까!"

여자는 어이가 없어서 쳐다보고만 있었습니다.

신랑은 의기양양하게 또 소리쳤습니다.

"그리고 한 가지 더! 나한테 누가 그 양복을 입혀 주고 검정 타이를 매 줘야 하는지 알지."

묵묵히 듣고 있던 아내가 쌀쌀맞은 목소리로 대꾸했습니다.

"누구긴 누구야! 장의사지."

_양심의 가책

여자 친구 둘이서 저녁 9시 뉴스를 시청하고 있었습니다. 한 남자가 40층 빌딩에서 뛰어내리겠다고 위협하는 장면이 나왔습니다. 두 친구가 내기를 하였습니다.

"저 남자가 정말 뛰어내릴까?"

둘은 지는 사람이 만 원을 내기로 하였습니다. 그런데 정말 그 남자가 뛰어내리는 것이었습니다. 진 친구가 돈을 내밀었습니다. 이긴 친구가 돈을 받았습니다. 그런데 조금 뒤 돈을 내밀면서 말했습니다.

"도로 받아."

"왜? 내기에 이겼잖아?"

"양심에 가책이 돼."

"양심에 가책이 될 것 없어. 당당하게 이겼잖아."

"사실은 8시 뉴스를 보았어."

그때 다른 친구가 말했습니다.

"사실은 8시 뉴스에서 나도 뛰어내리는 것을 보았어. 그런데 또 뛰어내릴 줄은 몰랐어."

__할머니의 감사와 불평

할머니가 손자와 함께 해변을 걷고 있었습니다. 그런데 갑자기 큰 파도가 덮쳐와 손자를 쓸어가 버렸습니다. 할머니는 무릎을 꿇고 기도를 드렸습니다.
"하나님! 손자를 돌아오게 해주세요."
기도가 끝나자마자 파도가 밀려왔습니다. 손자가 모래사장으로 쓸려 올라왔습니다. 할머니는 안도의 한숨을 내쉬었습니다. 그리고 물었습니다.
"다친 곳은 없니?"
다행히 아무런 이상도 없었습니다. 할머니는 뭔가를 발견하고 다시 기도를 하였습니다.
"하나님! 어린 생명을 구해 주셔서 감사합니다. 그런데 하나님도 아시겠지만 모자가 없어졌습니다. 모자는 어떻게 하고 아이만 구해 주십니까?"

__거지와 신사

항상 같은 장소에서 구걸을 하는 거지가 있었습니다. 어느 날 지나가던 신사에게 물었습니다.
"선생님은 재작년까지 제게 늘 만 원씩 주시지 않았습니까? 그런데 작년부터 오천 원으로 줄었습니다. 올해는 또 천 원으로 줄이셨습니다. 대체 이유가 뭡니까?"

신사가 말했습니다.

"거지님! 전에야 내가 총각이었으니 여유가 있었지요. 그래서 만 원을 드렸습니다. 그러나 작년에 결혼을 했으니 오천 원을 드렸습니다. 이제는 애까지 생겨서 천 원밖에 못 드립니다."

그러자 거지가 어이없다는 표정으로 말했습니다.

"그러면 신사님, 내 돈으로 당신 가족을 부양한단 말입니까?"

__아기 몸무게

산부인과 병원에서 아들을 안고 있는 여인에게 간호사가 말했습니다.

"아기 몸무게를 재야 해요. 그런데 아기 저울이 고장이라 수리에 들어갔어요."

"그러면 어떻게 해요?"

간호사가 말했습니다.

"간단해요. 엄마가 아기를 안고 어른 저울에 다세요. 그리고 나중에 혼자다시면 아기 몸무게를 알 수 있어요."

아기를 안고 있는 여자가 말했습니다.

"그러면 안 되겠네요."

"왜요?"

"나는 엄마가 아니라 이모거든요."

__당신 곧 죽을 거래요

남편이 갑자기 몸이 안 좋아졌습니다. 아내는 남편을 데리고 병원에 갔습니다. 의사는 세밀하게 진찰한 후 아내만 불러서 말했습니다.

"오늘부터 제가 시키는 대로 하지 않으면 당신 남편은 죽을 것입니다."

"어떻게 해야 하나요?"

의사가 말했습니다.

"아침에 일어나서 정성껏 국을 끓여 드려야 합니다. 집안 청소도 깨끗이 하여야 합니다. 스트레스도 주지 말아야 하고요. 옷도 항상 다림질하여 깨끗이 입혀야 합니다. 남편이 신경 쓰는 일이 없도록 조심해야 합니다. 다시 말하지만 이렇게 하지 않으면 남편은 죽습니다."

밖으로 나오자 남편이 물었습니다.

"의사 선생님이 뭐라고 말해요?"

아내가 말했습니다.

"당신 곧 죽을 거래요."

__포기

아들을 둔 엄마가 화장대 앞에 앉아 얼굴에 콜드크림을 펴 바르고 있었습니다. 이를 보고 있던 아들이 궁금한 듯 엄마에게 물었습니다.

"엄마, 뭐 하는 거야?"

엄마가 말했습니다.

"응, 엄마가 예뻐지기 위해서 하는 거야."

잠시 후 엄마가 화장지로 얼굴의 콜드크림을 닦아내고 있었습니다. 이를 본 아들이 물었습니다.

"엄마, 크림을 왜 닦아내? 예뻐지기를 포기하는 거야?"

_죽을 준비가 되었나요

습관적으로 교회에 다니던 이발사가 있었습니다. 어느 날 말씀으로 거듭남을 체험하였습니다. 그는 이제 전도하며 살기로 작정하였습니다. 하나님의 은혜에 감사하는 마음이 생겼기 때문입니다.

'이제 나도 전도하리라.'

이발사의 결심은 확고하였습니다. 그러나 전도 훈련을 받은 적이 없습니다. 그래도 입을 다물고 살기엔 너무나 벅찬 은혜였습니다.

다음날 아침이 되었습니다. 평소에 면도하기 위해 가끔 들르는 손님이 왔습니다. 다른 때는 자연스럽게 잘만 하던 면도도 전도에 신경을 쓰다 보니 긴장이 되고 분위기가 어색하여졌습니다. 손님도 이상한 것을 느꼈습니다. 진땀을 빼던 이발사가 잠깐 쉬면서 면도칼을 날이 시퍼렇게 갈고 있었습니다. 그는 칼을 간 뒤 손님 얼굴과 목에 비누를 발랐습니다. 그리고 손님 목에 면도칼을 대고 물었습니다. 마침 전도하기에 좋은 말이 생각났기 때문입니다.

"저기 손님, 혹시 죽을 준비가 되셨습니까?"

손님은 비누도 닦지 않고 도망쳤습니다.

_목사님과 틀니

새로 부임한 목사가 미남이었습니다. 그는 교인들을 대하는 태도도 부드러 웠습니다. 그래서 교인들로부터 호감을 가지게 되었습니다. 그러나 딱 한 가지 좋지 못한 평을 듣는 것이 있었습니다. 설교를 더듬더듬 하는 것이었 습니다. 설교를 듣는 교우들은 답답하고 갑갑함을 느꼈습니다. 그러던 어 느 날 목사님의 설교가 유창하고 청산유수 같았습니다. 교인들이 감명을 받았습니다. 놀랐습니다. 그래서 물었습니다.

"목사님! 왜 지금까지 실력을 숨기고 계셨습니까?"

목사가 대답하였습니다.

"아침에 내 틀니인 줄 알고 아내의 틀니를 꼈는데, 저도 모르게 따발총처 럼 쏟아져 나왔습니다."

_진로

아들이 고등학교 3년을 마치고 대학에 들어갔습니다. 긴장이 풀어져서 매 일 술을 마시고 시간만 나면 놀았습니다. 어느 날 늦게 들어온 아들에게 아 버지가 말했습니다.

"야, 이 녀석아! 너도 이제 대학생이 되었는데 진로를 생각해야지, 밤낮 놀 기만 하면 어떻게 하냐?"

아들이 말했습니다.

"진로요? 그거 참이슬로 바뀐 지 오래됐어요. 그리고 맛도 많이 순해졌어 요."

__호떡 이야기

아기 호떡과 엄마 호떡이 같이 있었습니다. 아기 호떡이 뜨거운 번철에 올라갔습니다. 잠시 후 아기 호떡이 소리쳤습니다.

"엄마, 뜨거워!"

엄마 호떡이 말했습니다.

"호떡의 숙명이니 참아야 한단다."

잠시 후 아기 호떡이 말했습니다.

"엄마, 나 못 참겠어!"

"참아!"

"나 정말 못 참겠어!"

엄마가 말했습니다.

"그럼 뒤집어!"

__호떡과 아주머니

상당히 가난한 과부가 있었습니다. 더구나 길러야 할 아이가 셋이나 되었습니다. 그녀는 생계를 위하여 거리에서 호떡을 팔게 되었습니다. 혹독한 추위와 어려움 속에서 호떡을 팔던 어느 날, 노신사 한 분이 와서 물었습니다.

"아주머니, 호떡 하나에 얼마입니까?"

"천 원이요."

그러자 노신사는 지갑에서 천 원짜리 지폐 한 장을 꺼내 과부에게 주었습니다. 그리고 그냥 가는 것이었습니다.

"호떡 가져가셔야죠."

과부가 말했습니다. 노신사는 빙그레 웃으며 말했습니다.

"아뇨, 괜찮습니다."

과부는 중얼거렸습니다.

"참 이상한 사람도 다 있네."

그런데 이튿날 그 노신사가 와서는 천 원을 놓고 또 그냥 가버렸습니다. 그 다음날도, 그 다음날도 하루도 빠지지 않고 그렇게 하였습니다.

봄, 여름, 가을, 겨울 일 년이 지났습니다. 거리에는 크리스마스 캐럴이 울려 퍼지며 함박눈이 소복이 쌓였습니다. 그러던 어느 날이었습니다. 그날도 노신사는 어김없이 찾아와 빙그레 웃으며 천 원을 놓고 갔습니다. 그때 과부가 황급히 신사를 따라갔습니다. 얼굴은 상기되어 있었습니다. 총총걸음으로 따라가던 그녀는 수줍은 듯 분명하게 말했습니다.

"저… 호떡 값이 올랐는데요."

__맹인의 재치

한 맹인이 지팡이를 짚고 조심스럽게 길을 가고 있었습니다. 그런데 개 한 마리가 겁도 없이 다리 한쪽을 들더니 맹인의 바지에 오줌을 싸고 말았습니다. 그러나 맹인은 화를 내지 않고 개에게 과자를 내밀었습니다. 그때 한 기독교인이 지나가다가 이 모습을 보고 감동을 받았습니다. "왼뺨을 맞거든 오른뺨을 돌려 대라"는 성경 말씀을 실천하는 모습에 놀라서 물었습니다.

"저 같으면 개의 머리를 한 대 쥐어박았을 것입니다. 그런데 과자를 주려 하다니요?"

맹인이 말했습니다.

"흠… 과자를 줘야 그놈의 대가리가 어디 있는지 알게 아니요?"

_달걀 던지기

국회위원 유세 중이었습니다. 어떤 반대파 사람이 달걀을 던졌습니다. 연설하고 있던 후보 얼굴에 맞으며 달걀이 깨져서 흐르고 있었습니다. 모두가 술렁였습니다. 그때 후보는 웃으면서 말했습니다.

"이왕 달걀을 주시려거든 소금도 같이 던져 주세요."

_논산 훈련소에서

훈련병이 훈련 도중 너무나 배가 고팠습니다. 그는 피엑스로 달렸습니다. 어둠이 깔릴 때였습니다. 그는 정신없이 달리다가 한 상관과 부딪쳤습니다. 그를 쓰러뜨리고 말았습니다. 알고 보니 훈련소장이었습니다.

"죄송합니다. 소장님!"

"자네는 내가 누구인 줄 아는가?"

"예, 압니다. 소장님이십니다. 그러면 소장님은 제가 누구인지 아십니까?"

"내가 너를 어떻게 알아. 자네는 영창감이야. 훈련 도중 이탈했지."

"저는 훈련병입니다. 죄송합니다, 소장님. 저는 훈련병이니 병법 좀 가르쳐 주십시오."

"무슨 병법?"

"손자병법 36계가 무엇입니까?"

"그것도 모르나? 불리하면 도망치라는 것이지."

"알았습니다."

그는 어둠 속으로 도망치고 말았습니다.

_삼손과 들릴라

할머니와 손자가 함께 성탄절 특집 외화로 "삼손과 들릴라" 영화를 보고 있었습니다. 마침 삼손과 들릴라의 키스신이 나왔습니다. 본 할머니가 혀를 차면서 말했습니다.

"못된 연놈들!"

무안해진 손자가 얼버무리며 말했습니다.

"에이 할머니. 젊은 남녀가 좋으면 그럴 수도 있는 거예요."

이 말을 듣고 할머니가 말했습니다.

"아니, 아무리 좋아도 그렇지 이놈아, 조금 전까지 삼촌, 삼촌 하더니 어떻게……."

_마음은 소녀

수염이 허옇게 되고 머리는 백발인 노신사가 길을 걸어가고 있었습니다. 그의 발걸음은 조그마한 거리에 있는 학교 쪽으로 옮겨가고 있었습니다.

"아 정말 그리운 거리구나! 내가 이곳을 떠난 지 몇 해가 되었는지… 그래도 하나도 변하지 않았구나! 그래그래, 날마다 학교에 갈 때면 저 집에서 호떡을 사 먹곤 했지."

그는 지난날을 회상하며 감격스럽게 걷고 있었습니다. 그의 입가에는 몇 번이나 잔잔한 웃음이 스쳐갔습니다. 그가 플라타너스 가로수 밑을 걷고 있는데 저쪽에서 손녀딸의 손을 잡고 오는 뚱뚱한 할머니가 있었습니다. 한 반이던 친구였습니다. 그 모습이 역력히 남아 있었습니다.

"저… 실례지만 당신은 50년쯤 전에 이 거리에 있는 중학교를 다니지 않았습니까?"

할머니는 게슴츠레한 눈으로 노신사를 찬찬히 보더니 고개를 설레설레 가로저으며 말했습니다.

"그렇기는 하오만, 우리 반에 당신 같은 턱수염이 하얀 남학생은 없었소."

_엄마는 바리새인

목사님이 설교를 하였습니다. 마태복음 23장에 나오는 "외식하는 서기관과 바리새인"에 대한 설교였습니다.

"여러분! 바리새인은 외식하는 사람들입니다. 그들은 예수님에게 책망을 받았습니다."

이때 한 아이가 말했습니다.

"목사님, 우리 아빠가요, 우리 엄마한테 바리새인이래요."

목사님이 물었습니다.

"왜 아빠가 엄마한테 바리새인이라고 하니?"

"엄마는 집에서 먹는 것보다 나가서 외식하는 걸 너무 좋아한대요."

_성경 속에 있는 것은

주일학교 선생님이 한 어린이에게 물었습니다.

"너는 성경 속에 무엇이 있는지 알고 있니?"

아이가 보라는 듯이 금방 대답하였습니다.

"물론이죠. 다 알고 있어요."

"그래, 뭐가 있는지 말해 볼래?"

아이가 말했습니다.

"엄마 성경에는요, 헌금 봉투, 피자 쿠폰 두 장이 들어 있어요. 그리고 누나 성경 속에는 뭐가 있는 줄 아세요?"

"말해 봐."

"선생님, 우리 누나 성경 속에는요, 연애편지가 있어요."

__시험 문제

시험이 어려웠습니다. 교수가 학생들에게 물었습니다.

"문제가 어려웠나?"

학생들이 대답하였습니다.

"문제가 어려운 것이 아니라 답이 어려웠어요."

__담보

농사를 짓는 노인이 은행에 돈을 빌리러 왔습니다. 은행원이 물었습니다.

"무엇에 쓰려고 하시나요?"

"경운기를 사려고 해."

"담보가 있습니까?"

"담보가 뭔가?"

"돈을 빌리려면 그만한 가치가 있는 물건이 필요해요."

"집이 있어."

그래서 은행원은 집을 담보로 돈을 빌려 주었습니다. 가을 추수가 끝났습니다. 노인이 돈을 갚으러 갔습니다.

"돈 갚으러 왔네."

"추수는 하셨지요?"

"그럼."

"돈이 남았겠네요."

"그렇지."

"나머지 돈은 어떻게 하셨어요?"

"땅에 묻어 두었어."

"우리에게 맡기세요."

노인이 물었습니다.

"담보가 있나?"

_방귀

속이 안 좋아서 도서관에서 공부하면서 계속 방귀를 뀌는 학생이 있었습니다. 멀리에서 한 학생이 소리를 질렀습니다.

"이봐요! 핸드폰 좀 꺼줘요."

_시어머니가 교회를 안 나오는 이유

믿음 좋은 며느리가 있었습니다. 그런데 시어머니가 교회를 다니지 않아서 늘 핍박을 받으며 살고 있었습니다. 그러나 며느리는 시어머니의 영혼을 위해 눈물의 기도를 하고 있었습니다. 너무나 시험이 많아서 자연히 찬송 395장을 좋아하였습니다.

"너 시험을 당해 범죄치 말고……."

그녀는 이 찬송만 부르면 위로가 되었습니다.

그러던 어느 날이었습니다. 교회 식구들이 시어머니께 전도를 하러 왔습니다.

"할머니, 예수님 믿고 천당 가세요. 며느리와 함께 교회 나오세요. 며느리가 눈물로 매일 기도하고 있어요."

이 말을 듣고 시어머니가 말했습니다.

"흥! 그것이 다 왕내숭 떠는 거예요."

"무슨 말씀이세요?"

시어머니가 말했습니다.

"며느리가 기도하고 찬송하는 것을 몰래 보고 들었지. 이 시어미를 이겨 버리자는 노래만 불러."

전도대원들은 이상하여 물었습니다.

"무슨 노래였는데요?"

시어머니가 말했습니다.

"거 뭐라더라. 너 시어밀 당해 범죄치 말고 너 용기를 다해 늘 물리쳐라. 너 시어밀 이겨 새 힘을 얻고……."

_구봉서 장로의 개그

지금의 예능교회는 옛날 연예인교회입니다. 이 교회가 처음 시작될 때 구봉서 코미디언 장로님이 계셨습니다. 전도사님과 교인들이 모여서 마태복음 1장에 나오는 마리아의 잉태에 관한 공부를 하고 있었습니다. 처녀가 아이를 잉태하자 요셉이 조용히 파혼하기로 한 말씀이었습니다. 전도사님이 마리아가 성령으로 잉태하였다고 하자 한 성도가 물었습니다.

"아니, 세상에 믿을 것이 따로 있지? 어떻게 처녀가 아이를 가진다는 황당한 거짓말을 믿어요? 마태복음 1장도 이해가 안 가는데 2장 공부로 어떻게 넘어가요?"

그래서 성경공부 진도를 나가지 못하고 있었습니다. 그때 구봉서 장로님이 소리를 질렀습니다.

"야! 지 서방이 믿는다는데 왜 니가 난리야?"

_옛날 옛적에

성탄절이었습니다. 할아버지와 소년이 깊은 산골에 살고 있었습니다. 소년은 고기가 먹고 싶어 할아버지 몰래 집에 있는 닭을 잡아 산으로 올라가서 불을 피웠습니다. 그리고 닭을 굽다가 산불이 났습니다. 소년은 도저히 혼자서는 불을 끌 수가 없었습니다. 황급히 집으로 돌아와서 할아버지에게 말했습니다.

"산 타 할아버지!"

_아내의 장례식

어떤 남자가 축구경기장을 찾았습니다. 그 사람 바로 옆에 좋은 자리 하나가 비어 있었습니다. 뒤에 서서 보던 사람이 조용히 물었습니다.

"혹시 이 자리 비었나요?"

"예."

그 남자는 이게 웬 떡이냐고 생각하면서 앉았습니다. 그리고 물었습니다.

"누가 이렇게 좋은 자리를 예약해 놓고 안 왔을까요?"

옆의 남자가 대답하였습니다.

"우리 마누라 자리예요. 우린 늘 함께 축구를 보러 다녔죠."

"그런데 왜 오늘은 같이 안 왔어요?"

"마누라가 죽었어요."

"얼마나 아프십니까? 그러면 아들하고 같이 오시지요?"

그러자 그 남자는 슬픔이 가득 찬 얼굴로 말했습니다.

"가족과 친구들 모두 장례식장에 가서 같이 올 사람이 없었어요."

__연쇄살인

어떤 사람이 아내를 살해했다고 자수해 왔습니다. 그의 말에 의하면 일을 마치고 집에 돌아가 보니 아내가 간부와 키스를 하고 있었다는 것입니다. 그래서 순간적으로 격분하여 권총으로 아내를 쏘았다는 것입니다. 그의 진술을 들은 형사가 물었습니다.

"대체로 간통하는 현장을 잡았을 경우에는 아내를 놔두고 간부를 죽이는 게 보통인데……"

그러자 자수한 사람이 침통한 표정으로 고개를 저으며 대답했습니다.

"형사님의 말씀이 옳습니다. 저도 상대방 놈팡이가 죽이고 싶도록 밉기는 하였습니다. 그러나 그때마다 아내를 놔두고 그놈들을 죽인다면 매일 밤 한 놈씩은 죽여야 했을 것입니다."

__치료받은 거울

어떤 한남편이 아내에게 말했습니다.

"나 이제부터는 다시는 입에 술을 대지 않을 거야. 믿어 줘요."

남편은 단단히 맹세하였지만 작심삼일이었습니다. 사흘을 견디다가 다시 곤드레가 되어서 집으로 돌아왔습니다. 그날도 술을 마신 그는 집 앞에서 돌부리에 걸려 넘어지고 말았습니다. 담벼락에 이마를 부딪쳐 상처가 났습니다. 그러나 아내를 부를 수가 없었습니다. 그는 아픔을 참고 발소리를 죽이며 집안으로 들어갔습니다. 그리고 잠들어 있는 아내 몰래 약상자에서 약을 꺼내 이마에 바른 뒤 거울 앞에 서서 상처에 반창고를 붙였습니다. 다음날 아침이었습니다. 그는 날카로운 아내의 목소리에 잠이 깨었습니다.

"여보! 당신 또 어젯밤에 취해서 돌아왔죠?"

그는 시치미를 떼고 말했습니다.

"아니, 그게 무슨 소리야? 어젯밤에 일하고 늦게 들어왔는데……."

아내가 말했습니다.

"흥! 그 거짓말에 누가 넘어갈 줄 알아요. 술에 취하지 않았다면 어째서 이마에 붙일 반창고를 거울에 붙였단 말예요?"

__남편 교환

한 여인이 자동차로 출근하는 남편을 전송하고 있었습니다. 옆집 부인이 이 모습을 보고 말했습니다.

"어머나! 댁의 남편께선 또 월급이 오른 모양이죠? 자동차를 새 차로 바꿨으니 말예요."

이 말을 듣고 있던 여인은 표정 하나 바꾸지 않고 대답했습니다.

"그게 아니라, 남편을 바꿨어요."

_우물이 날아갔어요

아주 오래 전 이야기입니다. 허풍쟁이 박달재는 유명한 거짓말쟁이였습니다. 그리고 그의 하인 맹 서방은 적당히 그의 허풍떠는 것을 수습하여 나가고 있었습니다. 어느 날 박달재가 허풍을 떨었습니다.

"어제는 강풍이 세게 불어 우리 집 우물이 옆집으로 날아가 버렸어."

이 말을 들은 사람들이 말했습니다.

"흥, 또 거짓말을 하는군."

사람들은 코웃음을 치며 말상대도 해주려 하지 않았습니다. 그러자 맹 서방이 주인의 거짓말을 이렇게 얼버무렸습니다.

"그건 정말입니다. 우리 집 우물은 이웃집 담 밑에 있거든요. 어제 그 센 바람이 불어 담이 무너지는 바람에 우물 밖에 쌓이고 말았어요. 그러니 우리 집 우물이 이웃집으로 날아갔다고 할 수도 있잖아요?"

_그것은 염려 말아요

부부싸움이 한창 심할 때였습니다. 남편이 말했습니다.

"여보, 정녕 이혼을 해야겠단 말이오?"

"그래요, 이제 당신하고는 끝이에요. 사랑 없는 결혼생활이란 도무지 의미가 없으니까요."

"사랑이 없다니? 내가 얼마나 당신을 사랑하고 아끼는데……"

"흥, 그래도 소용없어요. 난 이미 결심했으니까요."

"여보, 제발 마음을 돌려주구려. 이제 와서 당신과 남남이 된다니, 도저히 견딜 수 없어."

"남남이라고요? 그건 염려 마세요. 난 당신과 이혼한 뒤에, 다른 사람 아닌 당신 동생과 결혼한단 말예요. 그럼 내가 당신의 제수가 될 텐데, 남남이라고 할 수가 있겠어요?"

__수전노

지독한 구두쇠 영감이 있었습니다. 그가 실수하여 강물에 빠졌습니다. 그는 결사적으로 허우적거렸지만 소용이 없었습니다. 점점 깊은 곳으로 빨려 들어가고 있었습니다. 마침 지나가던 사람이 이를 보고 급히 신을 벗었습니다. 그리고 옷을 벗고 있었습니다. 구두쇠 영감이 물속에서 고개를 쳐들고 말했습니다.

"여보슈! 은 서 푼밖에 내놓을 수 없으니 그래도 좋다면 나를 건지고, 그 돈이 맘에 들지 않는다면 아예 날 구할 생각은 마시오! 공연히 구해 놓고 딴 소리 하려면 물에 들어오지도 마시오."

__별꼴 다 보네

무더운 여름날 밤이었습니다. 너무 더워서 집집마다 문을 활짝 열어 놓고 밤을 지내고 있었습니다. 도둑의 천하가 되었습니다. 도둑이 어느 집으로 들어갔습니다. 훔쳐갈 물건을 찾느라고 두리번거렸습니다. 그러나 아무것도 없었습니다. 가난뱅이 집이었습니다. 그가 기분이 좋지 않아 대문을 나서려고 할 때였습니다. 주인이 인기척을 듣고 잠이 깨어 도둑이 나가는 것을 보고 말했습니다.

"아아, 도둑님이시군요. 깜박 잊고 문 닫는 것을 잊었소. 나가실 때 문이나 닫아 주시구려."

그러고는 눈을 감았습니다. 모처럼 허탕을 친 도둑은 그렇잖아도 심사가 언짢은 차에 화가 나서 말했습니다.

"허 참, 별꼴 다 보겠군. 여보시오, 날더러 도둑이니 뭐니 하려거든 훔쳐갈 물건이라도 장만해 놓은 다음에 그러시오. 쥐뿔도 없는 주제에 무슨 잔소리가 많아요? 거기다 심부름까지 시켜요? 별꼴 다 보겠네."

_두 번째 마누라예요

한밤중에 외과의사 집으로 전화가 걸려왔습니다.

"박사님이시죠? 집사람이 급성 맹장염인 것 같습니다. 급히 좀 와 주셔야겠어요!"

의사가 이상하여 물었습니다.

"이상한데… 맹장염이 아니라 단순한 복통이겠죠?"

"아닙니다! 정말 맹장염인 것 같습니다. 빨리 좀 와 주세요!"

"허허, 선생님 부인은 작년 이맘때 우리 병원에서 맹장 수술을 하지 않았소. 그런데 또 맹장염이라니…. 도대체 맹장을 두 개씩이나 가진 사람이 이 세상에 어디 있단 말이오?"

그가 말했습니다.

"두 번째 마누라예요."

__첫 외출

구두쇠로 이름난 부부가 있었습니다. 그들은 가스스토브가 파손되어도 버리지 않고 사용할 수 있는 데까지 사용하고 있었습니다. 물론 모든 것을 다 그렇게 아꼈습니다. 어느 날 가스스토브가 폭발하고 말았습니다. 집안 물건이 모두 다 날아갔습니다. 소파에 앉아 있던 구두쇠 부부도 함께 밖으로 날아갔습니다.

취재기자들이 몰려가서 사건의 진상을 조사하였습니다. 이들의 평소 생활 이야기를 듣고 기자들은 혀를 찼습니다. 이튿날 이 사건이 신문에 보도되었습니다. 사건의 제목은 이러하였습니다.

"구두쇠 부부 결혼한 지 30년 만에 두 사람이 함께 처음으로 집을 나가다."

__구두쇠 굿

매우 인색한 사람이 있었습니다. 어느 날 그는 무당을 불러 굿을 하고 있었습니다. 그러나 무당이 아무리 불러도 신이 내리지 않았습니다. 초조해진 구두쇠가 물었습니다.

"어째서 신들이 모이지 않지?"

무당이 대답하였습니다.

"사실은 먼 곳에서 초청을 해 오기 때문에 이렇게 늦어지는 모양입니다. 잠시만 기다리십시오."

구두쇠가 물었습니다.

"어째서 가까운 신을 모시지 않고 그렇게 먼 곳에서 불러오나? 이 근방에도 얼마든지 있을 텐데…"

무당은 고개를 흔들며 생원을 빤히 쳐다보았습니다. 그리고 말했습니다.

"이 근방의 신령님은 모두 당신의 인색함을 잘 알고 있습니다. 그래서 불러도 오려고 하지 않더군요. 할 수 없이 먼 데서 부르고 있어요."

__이번엔 내 차례

두 여대생이 자기들의 애인에 대해 이야기하고 있었습니다. 한 여대생이 말했습니다.

"내 애인은 굉장히 내성적이야."

다른 친구가 물었습니다.

"얼마나 내성적이니?"

친구가 대답하였습니다.

"그런데 그리 절망적이지는 않아. 요즈음 많이 진보하고 있어. 처음 우리 집에 놀러왔을 때 그는 무릎 위에 책을 올려놓았어. 그리고 두 번째 온 날은 고양이를 안았지. 지난번에 와서는 내 막내 동생을 안더라고! 그러니 오늘밤엔 틀림없이 내 차례일 거야."

__천천히 몰아요

나이트클럽에서 한 신사가 술에 취하여 비틀비틀 걸어 나왔습니다. 마침 앞에 손님을 기다리던 택시가 있었습니다. 그는 택시 문을 열고 차에 올라탔습니다.

"어디로 모실까요?"

기사가 시동을 걸면서 물었습니다.

"나이트클럽!"

술 취한 손님이 말했습니다. 운전기사는 엔진을 끄고 반대편 문을 열면서 말했습니다.

"네, 다 왔습니다. 나이트클럽 앞입니다."

술 취한 신사가 몸을 비틀거리며 내렸습니다. 그리고 돈을 내밀면서 말했습니다.

"좋아! 여기 돈이요. 앞으론 좀 천천히 차를 몰라요! 안전운행! 알았나?"

_잘 모르겠어요

간호사가 부족하게 되었습니다. 그래서 웬만하면 자격을 따지지 않고 간호사로 불러 일을 시키는 병원이 있었습니다. 그런데 한 간호사가 임신을 하였는지 배가 점점 불러 왔습니다. 산부인과 의사가 진찰하였습니다. 그러고는 심각하게 말했습니다.

"큰일 났어. 벌써 임신 3개월이야. 더구나 쌍둥이 같아."

간호사가 말했습니다.

"어머나, 선생님! 정말이에요? 어째서 이렇게 됐는지 모르겠네요."

의사가 물었습니다.

"어째서라니, 그걸 모른단 말이야?"

간호사가 말했습니다.

"죄송합니다! 선생님, 하나는 틀림없이 선생님 것인 줄 알지만, 하나는 인턴의 것인지, 외과 환자였던 그 사람 것인지 잘 모르겠어요."

_동물 학대

시골 초등학교로 부임한 여선생님이 있었습니다. 시골길을 걷는데 학교 아이들이 모여서 무엇인가를 하고 있었습니다. 여선생님이 다가가서 물었습니다.

"무엇을 하니?"

그러고 보니 아이들이 너구리를 잡아 놓고 때리고 칼로 찌르고 야단이었습니다. 여선생님이 말했습니다.

"애들아! 동물을 학대해서는 안 돼요. 그러면 다음 세상에 태어날 때 그 동물이 되어 지금처럼 학대를 받게 된대요!"

아이들이 물었습니다.

"너구리를 죽이면 다음 세상에서 너구리로 태어난다는 말씀인가요?"

"그렇다니까."

그러자 칼을 든 한 소년이 빙그레 웃으며 말했습니다.

"그럼 나는 이다음에 여선생님으로 태어날 테야!"

여선생님은 벌써 멀리 도망가 있었습니다.

_관찰력이 없다

오펜뎀 교수는 근엄하고 유명한 교수였습니다. 어느 날 그는 엄숙한 얼굴로 실험실에 들어왔습니다. 그는 항상 모든 과학도는 실험을 할 때 용기와 관찰력이 필요하다고 주장하였습니다. 교수는 책상 위에 노리끼리한 물이 담긴 컵을 놓고서 말했습니다.

"제군들! 이 컵에 든 것은 오줌이다. 나는 제군들이 실험에 얼마나 충실한

지를 알고 싶다. 우선 내가 이 컵에 손가락을 담갔다가 핥겠으니 제군들도 그렇게 하기를 바란다."

오펜덤 교수라면 대학 내에서도 가장 권위가 있는 학자였으므로 그의 눈 밖에 나면 형편없는 학점을 받을 게 뻔하였습니다. 학생들은 죽을상을 하며 한 사람씩 나와 손가락을 담갔습니다. 그리고 핥았습니다. 모든 학생이 한 차례씩 구역질을 하면서 그리하였습니다. 교수는 미소를 지으면서 말했습니다.

"제군들의 용기는 백퍼센트였다. 그러나 관찰력은 제로였다. 나는 손가락을 담그기는 했지만, 핥은 손가락은 다른 손가락이었다."

__도둑맞은 헌금

스코틀랜드 어느 교회에 목사가 새로 부임하였습니다. 부임한 첫 주의 일요일이었습니다. 헌금접시를 돌렸습니다. 그런데 동전 몇 개만이 놓여 있을 뿐이었습니다. 목사는 한숨을 내쉬었습니다. 오래 전부터 그 교회에 있던 한 직원이 귀띔을 해주었습니다.

"전임 목사님들은 모두 헌금접시에 은전을 서너 개 올려놓아서 돌렸습니다. 낚싯밥이라고 할까요? 물론 돌리고 난 뒤에는 그 은전을 도로 집어가셨습니다."

이 말을 들은 신임 목사는 그 전례를 본받기로 작정하였습니다. 그래서 접시에 은전을 올려놓고 돌렸습니다. 그러나 걷힌 헌금 액수는 지난번과 똑같았습니다. 더욱이 낚싯밥으로 놓아 둔 은전은 깨끗이 없어지고 말았습니다. 이런 모습을 본 교회 직원이 그때서야 생각난 듯이 말했습니다.

"참, 가장 중요한 말을 깜빡 잊었군요. 그 은전을 헌금접시에 본드로 붙여 놓았어야 했는데……."

_차비는 왕복으로

어느 날 신혼부부가 대판 싸웠습니다. 싸움이 절정에 달하자 아내가 홧김
에 마지막 선언을 하였습니다.

"나는 이제 친정으로 갈 거예요!"

남편은 속으로는 걱정이 태산 같았지만, 겉으로는 태연한 척 하였습니다.
아내가 최종적인 선언을 했음에도 불구하고 그는 당당하게 지갑에서 돈을
꺼내 지폐 몇 장을 아내에게 내밀었습니다.

"자, 차비나 해서 가라고!"

아내는 잡아먹을 듯이 기세등등하면서도 돈을 받아서 척척 세어 보았습니
다. 그러고는 몹시 경멸하는 투로 말했습니다.

"흥, 이것 가지고는 왕복 차비가 안 되잖아요!"

_액자 장수 허풍

세일즈맨 한 사람이 제주도로 출장을 가게 되었습니다. 그는 여관에서 하
룻밤 묵었습니다. 마침 옆방에는 신혼여행을 온 부부가 들어 있었습니다.
그들은 밤이 깊도록 속삭였습니다. 그들의 말은 얄팍한 벽 사이로 생생하
게 들려왔습니다.

"오오, 이 보석처럼 아름다운 눈! 액자에 넣어서 걸어 놓고 싶군. 그리고 오
뚝하고 품위 있는 이 코야말로 정말 예쁘군. 정말 액자에 넣고 싶을 정도
야. 그뿐인가! 귀도 몽실몽실하고 탐스럽네. 요것도 액자에 넣어서 자랑해

야지. 그리고 또…….”

옆방에 있던 세일즈맨이 참다못해 벌떡 일어나 옆방으로 달려갔습니다. 그는 방문을 쾅쾅 두드렸습니다. 신랑이 깜짝 놀라 물었습니다.

“누구요?”

세일즈맨이 소리를 질렀습니다.

“네, 액자 장수올시다. 액자가 많이 필요하실 것 같아서요.”

_허풍

허풍 떠는 것이라면 피차 둘째가기를 서러워하는 두 건달이 어느 날 마주 앉았습니다. 한쪽이 먼저 입을 열었습니다.

“우리 마을에 거인이 있다네. 그의 머리는 하늘을 뚫고 다리는 땅에 박힐 지경이지.”

그러자 다른 사람이 이에 질세라 대꾸하였습니다.

“그런 사람에겐 거인이란 이름이 어울릴지도 모르지. 그런데 우리 마을에는 도대체 뭐라 불러야 좋을지 알 수 없는 사람이 하나 있다네. 그 사람은 윗입술은 하늘에 닿고 아랫입술은 땅에 닿아 있어. 그런 사람을 도대체 뭐라고 불러야 할까?”

다른 허풍쟁이가 말했습니다.

“글쎄. 그렇다면 그렇게 큰 사람은 이 세상에서 어떻게 살지?”

다른 사람이 말했습니다.

“그것은 나도 잘 모른다네. 왜냐하면 나는 그 사람의 입 밖에 보지 못했으니까.”

__남편의 변덕

강변에서 나룻배로 생업을 삼고 살아가는 남자가 있었습니다. 그런데 그 남자는 수년 동안 같이 살아온 아내가 갑자기 싫어졌습니다. 무슨 트집을 잡아서 친정으로 돌려보내고 싶었습니다. 그 아내는 성격이 원래 양순하고 착하여 남편에게 대드는 적이 없었습니다. 그래서 싸울 수가 없었습니다. 그러나 하루는 마음을 굳게 먹고 이렇게 말하였습니다.

"여보! 사실은 말하기가 어렵지만 솔직히 말해야겠어. 갑자기 당신이 싫어졌어. 제발 부탁이니 당분간이라도 친정으로 돌아가 줄 수 없겠소?"

아내가 이 말을 듣고 말했습니다.

"당신이 그렇게 말씀하시는 데에는 어쩔 수가 없지요. 친정으로 돌아가는 수밖에요."

아내는 순순히 응하였습니다. 그리고 집 나갈 준비를 하였습니다. 아내는 머리에 기름을 바르고 머리를 곱게 빗었습니다. 그리고 신부처럼 화장을 한 뒤 시집올 때 입었던 신부 옷을 꺼내 입었습니다. 아내는 단장을 마치고 집을 나서려고 하였습니다.

그 남자는 아내의 모습을 바라보니 너무나 아름다웠습니다. 마치 신혼 시절을 생각나게 하였습니다. 남자는 아내의 아름다움을 다시 찾는 것 같아 친정으로 보내기에는 아깝다는 생각이 간절하여졌습니다. 가지 말라고 하고 싶었으나 한 번 말한 것을 취소하기에는 자존심이 상하였습니다. 그래서 자기의 나룻배로 강을 건네주기로 하였습니다. 둘은 함께 집을 나섰습니다. 그리고 강을 건넜습니다.

아내는 눈물을 흘리며 말했습니다.

"그럼, 안녕히……"

그리고 총총히 걷기 시작하였습니다. 그 남자는 아내의 뒤를 따라가면서 말하였습니다.

"이봐, 뱃삯을 내고 가야지."

그러자 아내는 뜻밖이라는 듯이 말했습니다.

"어머나, 당신과 저 사이에 뱃삯을 꼭 받으셔야 되나요? 너무하잖아요."

남자가 말했습니다.

"그야 부부라면 받지 않겠지만 이제 헤어져서 남남이 되는 이상 뱃삯을 받아야겠소. 뱃삯을 못 내겠다면 그냥 보낼 수는 없는 일, 집으로 다시 돌아갑시다."

__빠지셨네요

설날 연휴로 오랜만에 헬스클럽에 간 뚱뚱한 처녀가 있었습니다. 며칠 운동을 하지 않았더니 몸이 더 뚱뚱하여졌습니다. 조금은 속이 상하여 운동을 하려고 하는데 강사가 말했습니다.

"요즘 많이 빠지셨네요."

그 처녀는 화가 났습니다. 그러나 참으며 말했습니다.

"빠지긴요. 안 빠졌어요."

강사가 말했습니다.

"많이 빠지셨잖아요."

참다못해 그녀는 소리를 질렀습니다.

"뭐가 빠져요! 지금 저 놀리시는 거예요!"

강사는 이상하다는 듯이 말했습니다.

"설 연휴 때 많이 빠지셨잖아요?"

__말도 못 더듬냐

시골 할머니가 택시를 잡는데 택시들이 서지 않았습니다. 옆 사람들을 보니 따, 따불이라고 하니까 택시들이 서는 것이었습니다. 비결을 알았습니다. 할머니도 따, 따, 따, 따, 따, 따, 따불 하며 외쳤습니다. 7번을 외치니 택시 6대가 섰습니다. 그중 한 대를 타고 왔습니다. 5,000원이 나왔습니다. 그래서 5,000원을 주었습니다. 기사가 말했습니다.

"할머니! 따따따따따따따 했잖아요?"

할머니가 소리를 질렀습니다.

"예끼! 이놈아, 나이 먹으면 말도 못 더듬냐?"

__거짓말

설 때 민족대이동으로 고속도로가 꽉 막혔습니다. 서울에서 고향으로 가던 박 씨는 차가 밀려서 갈 수가 없었습니다. 급한 마음에 비상깜빡이를 켜고 갓길로 달렸습니다. 경찰차가 가로막고 있었습니다. 갑자기 생각나는 것이 있어서 옆 자리에 앉아 있던 아내에게 말했습니다.

"여보! 아픈 척해!"

아내는 배를 잡고 데굴데굴 구르면서 배가 아픈 척하였습니다. 가만히 보고 있던 경찰이 심각한 표정을 짓더니 말했습니다.

"선생님! 안 되겠습니다. 저렇게 편찮은 부인을 모시고 가다가는 사람 죽이겠습니다. 응급 헬리콥터를 불러야겠습니다. 물론 비용은 선생님 부담입니다."

아파 죽겠다고 고함을 치던 부인이 경찰의 말을 듣고는 소리를 질렀습니다.

"헬리콥터 부르는 데 얼마입니까?"

경찰이 말했습니다.

"300만 원입니다."

그들은 그냥 과태료 15만 원, 벌점 30점을 받았습니다.

_못과 바보

두 바보가 벽에 못을 박고 있었습니다. 한 바보가 못을 거꾸로 집어 들고는 말했습니다.

"얘, 이것 좀 봐. 못을 엉터리로 만들었어. 못을 거꾸로 만들어서 박을 수가 없네!"

그러자 다른 바보가 나무라듯 말했습니다.

"야, 이 바보야! 그 못은 저쪽 반대편 벽에 박는 거야."

_이발사와 진리

한 이발사가 자신의 기술을 전수하기 위해 젊은 도제를 한 명 들였습니다. 젊은 도제는 3개월 동안 열심히 이발 기술을 익혔습니다. 드디어 첫 번째 손님을 맞게 되었습니다. 그는 그동안 배운 기술을 최대한 발휘하여 첫 번째 손님의 머리를 열심히 깎았습니다. 그러나 거울로 자신의 머리 모양을 확인한 손님은 투덜거리듯 말했습니다.

"머리가 너무 길지 않나요?"

초보 이발사는 손님의 말에 아무런 답변도 하지 못했습니다. 그러자 그를 가르쳤던 이발사가 웃으면서 말했습니다.

"머리가 너무 짧으면 경박해 보인답니다. 손님에게는 긴 머리가 아주 잘 어울리는 걸요."

그 말을 들은 손님은 금방 기분이 좋아져서 돌아갔습니다.

두 번째 손님이 들어왔습니다. 이발이 끝나고 거울을 본 손님은 마음에 들지 않는 듯 말했습니다.

"너무 짧게 자른 것 아닌가요?"

초보 이발사는 이번에도 역시 아무런 대꾸를 하지 못하였습니다. 곁에 있던 이발사가 다시 거들며 말했습니다.

"짧은 머리는 긴 머리보다 훨씬 경쾌하고 정직해 보인답니다."

이번에도 손님은 매우 흡족한 기분으로 돌아갔습니다.

세 번째 손님이 왔습니다. 이발이 끝나고 거울을 본 손님은 머리 모양은 무척 마음에 들어 했지만, 막상 돈을 낼 때는 불평을 늘어놓았습니다.

"시간이 너무 많이 걸린 것 같군."

초보 이발사는 여전히 우두커니 서 있기만 했습니다. 그러자 이번에도 이발사가 나섰습니다.

"머리 모양은 사람의 인상을 좌우한답니다. 그래서 성공한 사람들은 머리 다듬는 일에 많은 시간을 투자하지요."

그러자 세 번째 손님 역시 매우 밝은 표정으로 돌아갔습니다.

네 번째 손님이 왔고 그는 이발 후에 매우 만족스러운 얼굴로 말했습니다.

"참 솜씨가 좋으시네요. 겨우 20분 만에 말끔해졌어요."

이번에도 초보 이발사는 무슨 대답을 해야 할지 몰라 멍하니 서 있기만 했습니다. 이발사는 손님의 말에 맞장구를 치며 말했습니다.

"시간은 금이라고 하지 않습니까? 손님의 바쁜 시간을 단축했다니 저희 역시 매우 기쁘군요."

그날 저녁에 초보 이발사는 자신을 가르쳐 준 이발사에게 오늘 일에 대해서 물었습니다. 이발사는 말했습니다.

"세상의 모든 사물에는 양면성이 있다네. 장점이 있으면 단점도 있고, 얻는 것이 있으면 손해 보는 것도 있지. 또한 세상에 칭찬을 싫어하는 사람은 없다네. 나는 손님의 기분을 상하게 하지 않으면서 자네에게 격려와 질책을 하고자 한 것뿐이라네."

_건망증

1. 계단에서 굴렀습니다. 훌훌 털고 일어났습니다. 그리고 말합니다.
"내가 계단을 올라가고 있었는지, 내려가고 있었는지 도통 생각이 안 난단 말이야."

2. 회사에 가려고 집을 나서다가 잊은 것이 있어서 도로 집으로 왔습니다.
"내가 뭘 가지러 왔지?"

3. 친구에게 전화를 걸었습니다. 그런데 누구에게 전화를 걸었는지 기억이 나지 않습니다. 그래서 물었습니다.
"여보세요, 누구시죠?"

4. 자장면을 먹었습니다. 다 먹고 나니 자장면 그릇 안에 한 입만 베어 먹은 단무지가 7~8개가 들어 있었습니다.

5. 회사 가려고 나서다가 집으로 되돌아왔습니다.
"오늘 토요일이지? 나 오늘 회사 안 가는 날인데……."

_당회

평소에 목사님을 존경하고 사랑하는 교인 한 분이 늘 수고하시는 담임목사님께 식사 한번 대접하겠다고 초청을 하였습니다. 그리고 물었습니다.

"목사님! 무얼 드시겠어요? 제가 목사님께 진즉에 한번 대접을 했어야 하는데 늦어서 죄송합니다. 어떤 회를 잡수실래요?"

목사님이 말했습니다.

"당회만 빼고 아무거나 시키십시오."

_소의 해

기축년은 소의 해입니다. 가정마다 세 마리 소를 기르면 행복합니다.

남편은 아내가 하는 모든 말에 "옳소"를 길러야 합니다.

아내는 남편이 하는 모든 것에 "맞소"를 키우셔야 합니다.

그래서 가족 모두는 "미소"라는 새끼가 태어나게 해야 합니다.

_암환자와 도둑

암에 걸려 좋다는 약은 다 써 본 환자가 누워 있었습니다. 그는 좋다는 병원은 다 가 보았지만 소용이 없었습니다. 있던 재산도 다 날렸습니다. 이제는 포기 상태여서 죽을 날만을 기다리고 있었습니다. 어느 날 밤 그 집에 도둑이 들었습니다. 도둑은 잠을 자는 사람을 깨워 칼을 목에 들이대며 주인을 협박했습니다.

"조용히 하고, 가지고 있는 현금 다 주면 목숨만은 살려준다."

그러자 주인이 볼멘소리로 외쳤습니다.

"이놈아! 의사도 살릴 수 없다는데 네가 어떻게 살린다는 거야?"

_그런 자리가 어딨어

어떤 남자가 죽어서 염라대왕에게 신고를 하였습니다. 명부를 보던 염라대왕이 말했습니다.

"아니, 자네가 왜 벌써 왔는가? 아직 10년이나 남아 있는데, 우리 직원이 사무 착오를 일으킨 모양이로군. 그 대신 다음 세상에 태어나고 싶은 희망을 말해 보게. 다음 세상은 자네가 원하는 아주 좋은 곳에서 태어나게 해줌세."

그 남자는 잠시 생각하더니 말했습니다.

"염라대왕 각하! 다음 세상은 고난이 없고 근심 걱정이 없이 처자식과 함께 놀면서 편하게 살 수 있는 곳이면 좋겠습니다."

듣고 있던 염라대왕이 노발대발하며 말했습니다.

"뭐라고? 이놈아! 그렇게 좋은 자리가 있으면 벌써 내가 갔겠다."

_다 아비 덕이다

어느 여름날 홍수가 나서 온갖 물건이 떠내려가고 있었습니다. 가구, 냉장고, 텔레비전, 돼지, 황소, 닭, 오리 등등 모두가 떠내려가는 중이었습니다. 값비싼 물건이 떠내려가는 것을 보고 주인들은 통곡하며 몸부림쳤습니다. 조금 가졌다고 다른 사람을 무시하고 교만하던 사람들의 자존심이 모두 사라져 버리는 순간이었습니다. 가난한 사람들은 부자들의 물건들이 다 떠내려가는 것을 보고 속으로 웃었습니다. 그때 아무것도 없이 평안하게 살아가는 거지 아버지와 아들이 있었습니다. 이런 모습을 물끄러미 쳐다보던 아들이 아버지에게 말했습니다.

"아버지! 우리는 참 행복해요. 아무리 홍수가 나도 우리는 잃을 것이 없어요."

아버지가 말했습니다.

"그게 다 아버지 잘 둔 덕이다."

__시기 질투

지기 싫어하는 할머니들이 노인정에 모였습니다. 모두 입에 침이 마를 정도로 자기 자식 자랑을 하고 있었습니다. 한 할머니가 말했습니다.

"내 아들은 천주교 신부인데 남들은 우리 아들에게 '오 고귀한 분!' 그런다네."

두 번째 할머니가 질세라 말했습니다.

"내 아들은 추기경인데 남들은 내 아들을 보고 '오 거룩한 분!' 그런다오."

세 번째 할머니가 말했습니다.

"그런데 이걸 어쩌나? 우리 아들은 대머리에다 키가 난쟁이, 그리고 곰보지. 게다가 뚱보라오. 그래서 남들은 우리 아들을 보면 한결같이 이렇게 감탄한다네. 'Oh! MY GOD!, Oh! MY GOD!, Oh! MY GOD!' 우리 아들은 하나님이라니까. 우리 아들보다 높은 사람 있으면 나와 보라 그래."

_개소리

한국사람, 미국사람, 일본 사람이 만났습니다. 아침에 커피를 마시면서 서로 자기 나라의 개 자랑을 늘어놓았습니다. 먼저 미국 사람이 말했습니다.

"아, 우리 개는 얼마나 영리한지 몰라. 새벽에 일어나서 커피 물을 끓이고 아침을 준비한 다음에 밖에 나가서 신문을 가지고 와서는 응접실 테이블에 가지런히 놓고는 내가 깰 때까지 기다리는 거야. 그리고 내가 깨면 바로 커피를 타서 아침을 차려 가지고는 들어오지."

이 말을 들은 일본 사람이 말했습니다.

"우리 개는 더 똑똑해. 새벽에 일어나 맥도날드에 가서 아침과 커피를 시켜서 가져오고 신문까지 들고 오거든."

미국 사람이 응수하였습니다.

"그게 뭐가 똑똑해? 우리 개와 다른 점이 하나도 없잖아?"

그러자 일본 사람이 대답하였습니다.

"그런데 난 우리 개에게 돈을 한 번도 준 적이 없거든."

미국 사람과 일본 사람이 낄낄대며 한참 자기 개의 자랑을 늘어놓고 있는데도 한국 사람은 아무 말도 하지 않고 있었습니다. 그러자 일본 사람이 한국 사람에게 물었습니다.

"너네도 개 있잖아? 그런데 어째 한마디 말도 하지 않니? 너희 개는 미련 곰탱이 덩어리냐?"

그러니까 한국 사람이 대답하였습니다.

"이야기할 게 없잖아. 너희들 개가 똑똑하고 영리하다는 것을 다 알고 있다고. 커피 끓이고 신문 가지고 오고, 아침밥하고 다 알아."

한국 사람이 이렇게 말하자 일본 사람과 미국 사람이 놀라며 물었습니다.

"어떻게 그것을 다 알아?"

그러자 한국 사람이 읽던 신문을 옆에다 놓으며 말했습니다.

"우리 개가 자세히 말해 줄 거야. 아래를 보게나."

신문에 이렇게 적혀 있었습니다.

"개소리하네."

__귀먹은 사오정

귀가 잘 안 들리는 사오정이 드디어 보청기를 하나 장만하였습니다. 학교 자습시간을 마치고 수업이 시작되었습니다. 그런데 맨 뒤에서 자꾸 이상한 소리가 나는 것이었습니다.

"이여…이……."

선생님이 물었습니다.

"거기 맨 뒤에서 필기 안 하고 뭐해?"

사오정이 말했습니다.

"안 보여서요."

선생님이 다시 물었습니다.

"그래? 네 눈이 얼만데?"

"제 눈은 안 파는데요."

"네 눈이 얼마나 나쁘냐고?"

사오정이 말했습니다.

"제 눈은 뭐 나쁘고 착하고 그런 거 없는데요."

__귀가 어두운 사오정

사오정은 귀가 어두웠습니다. 동굴에 기도 응답을 한다는 산신령이 살고
있다는 소리를 들었습니다. 사오정은 동굴 앞에서 기도하였습니다.
"신령이여! 돈 주세요. 의사 되게 해주세요. 건강 주세요."
그러나 응답이 없었습니다. 사오정이 소리를 질렀습니다.
"신령아! 너 귀먹었니?"

__사오정의 이력서

사오정이 학교를 졸업하고 방탕한 백수 생활을 하다가 취직을 하기로 맘을
먹었습니다. 친구에게 옷을 빌려 입고 이력서를 들고 직장 시험을 보러 갔
습니다. 이력서를 내놓았습니다.

성명 : 사오정
본적 : 누굴 말입니까?
주소 : 뭘 달라는 겁니까?
호주 : 가 본 적 없음
신장 : 두 개 다 있음
가족관계 : 가족과는 관계를 갖지 않음
지원동기 : 우리 학과 동기인 영구랑 같이 지원했음
모교 : 엄마가 다닌 학교라서 난 모름
자기소개 : 우리 자기는 아주 예쁨
수상경력 : 배 타 본 적 없음

_술장수

금주에 관해 연설하는 여류 인사가 어느 날 강의를 하면서 목청을 높였습니다.

"여러분, 이 고장에서 제일가는 부자가 누구입니까? 제일 큰 집을 가진 사람이 누구입니까? 바로 술집 주인입니다. 옷을 최고로 잘 입는 사람은 누구입니까? 역시 술집 주인입니다. 그런데 그 돈들이 모두 어디서 옵니까? 바로 여러분들한테서 옵니다."

그리고 며칠이 지났습니다. 어떤 사람이 거리에서 이 연사와 마주쳤습니다. 그리고 지난번 강연은 감동적이었다고 치하하였습니다. 연사는 만족스러운 표정으로 물었습니다.

"그래, 술을 끊으셨군요!"

그 사람이 대답하였습니다.

"아닙니다. 술집을 차렸습니다."

_하나님의 칭찬

하나님께서 닭, 개, 돼지에게 인간 세상에 내려가서 1년 간 일하도록 명령을 내리셨습니다.

닭은 세상에 와 보니 인간이 모두 게으른 것을 알았습니다. 그래서 일찍 깨우는 일을 했습니다. "꼬끼오!"하고 새벽마다 일찍 일어나라고 외쳤습니다. 하나님께서는 닭에게 착하고 충성된 종이라고 벼슬을 내리셨습니다. 그래서 닭의 머리에 벼슬을 달아 주었습니다.

개가 세상에 오게 되었습니다. 인간 세상은 온통 도둑놈밖에 없었습니다.

그래서 열심히 도둑을 쫓아내려고 "멍멍!"하고 소리를 질러댔습니다. 하나님께서는 개에게 역시 충성된 종이라고 상을 내리셨습니다. 본래 개는 다리가 3개였는데 다리 하나를 더 하사받은 것입니다. 그래서 다리가 4개 된 개는 소변을 볼 때마다 하나님께서 주신 귀한 뒷다리가 더러운 소변에 젖을까 봐 한 다리를 번쩍 들고 소변을 보고 있습니다.

돼지가 세상에 왔습니다. 별로 할 일이 없을 것 같아 먹고 자고 싸고 1년을 보냈습니다, 하나님은 말씀하셨습니다. "악하고 게으른 종아. 이를 갈며 슬퍼함이 있으리라." 그러고는 돼지의 코를 칼로 내려쳤습니다. 그래서 돼지는 코가 납작하게 되었습니다.

_7이라는 수

한 청년이 7을 행운의 숫자라고 굳게 믿고 있었습니다. 7이 콩으로 컴퓨터를 만든다고 해도 믿었습니다. 그런데 1977년 7월 7일 낮잠을 자는데 꿈에서 북두칠성 7개의 별이 보였습니다. 잠에서 깨어 무심코 시계를 보니 7시 7분 7초였습니다. 까닭 없이 기분이 좋아진 청년은 그 즉시 모든 재산을 정리하여 가지고 777번 버스를 탔습니다. 종점은 경마장이었습니다. 그래서 구경을 하는데 7마리의 말이 달리고 있었습니다. 그는 전 재산을 7번 말에 걸었습니다. 그러나 청년은 기절하고 말았습니다. 그 말이 7등을 했습니다.

__못에 찔려 죽은 이유

경상도 할머니가 친구에게 말했습니다.

"어이, 예수가 죽었다 카대."

친구가 물었습니다.

"와 죽었다 카드노?"

"못에 찔려 죽었다 안 카나."

"어이구 내가 알아봤다. 신발도 안 신고 머리 풀어헤치고 다닐 때 못에 찔려 죽을 줄 알았당께."

이때 아무 말도 하지 않던 할머니가 물었습니다.

"어이, 예수가 누꼬?"

"글쎄. 모르제. 우리 며늘 아가가 '아부지, 아부지' 케싸는 것을 보면 우리 바깥사돈 아이겐나?"

웃음이 있는 강단으로 이끄는
탈무드 유머

초판 1쇄 | 2009년 11월 2일
    2쇄 | 2011년 9월 23일

강문호 엮음

발행인 | 신경하
편집인 | 손인선

펴낸곳 | 도서출판 kmc
등록번호 | 제2-1607호
등록일자 | 1993년 9월 4일

(100-101) 서울특별시 중구 태평로1가 64-8 감리회관 16층
        (재)기독교대한감리회 출판국
대표전화 | 02-399-2008   팩스 | 02-399-4365
홈페이지 | http://www.kmc.or.kr

디자인 · 인쇄 | 밀알기획(02-335-6579)

값 15,000원

ISBN 978-89-8430-439-0   03230